To Rock Your LIFE

Schalte dein Gehirn öfter ein

als deinen Staubsauger

Viktoriya Sokolova

Inhaltsverzeichnis

Widmung

Ich möchte dieses Buch allen Frauen widmen, die es gerade lesen. Ich war vor einiger Zeit wie du. Ich hoffe, mein Buch gibt dir, was du brauchst, *um dein LEBEN zu rocken.*

Danksagung

Ich hätte nie gedacht, dass das Schreiben eines Buches eine so emotionale, inspirierende, entspannende und kraftvolle Erfahrung sein kann. Bei der Arbeit daran habe ich so viele Erkenntnisse gewonnen. Ich habe gelernt, dass die Kraft einer einzelnen Person nicht ausreicht, um ihre eigenen Ziele zu verwirklichen. In der Regel sind Teamwork und Teamgeist gefragt. Und Letzteren gibt es nicht nur bei der Arbeit oder im Sport. Das erste und wichtigste Team ist deine Familie. Ohne mein Team, das mich bei jedem Schritt unterstützt hat, wäre ich nicht in der Lage, das zu tun, was ich tue, und das zu erreichen, was ich erreicht habe.

Mein Mann Oleg und meine Kinder Christina, Carina und Robert haben mit mir wertvolle Zeit geteilt und mich zu vielen Geschichten inspiriert, die du in diesem Buch findest. Auch mein Vater und meine Mutter haben mich in vielerlei Hinsicht angeregt und waren begeistert von jeder Geschichte, die ich geschrieben habe. Mein Bruder Andrey hat mir gezeigt, wie man stark sein kann und niemals aufgibt. Und meine Freunde gaben mir die nötige Sicherheit, dass alles, was ich schreibe, großartig ist und veröffentlicht werden sollte.

Ich danke euch allen, dass ihr an mich glaubt. Eure Unterstützung war, ist und wird für mich unverzichtbar sein. Wir bilden zusammen ein tolles Team.

Und du, meine liebe Leserin, bist meine Macht! Vielen Dank, dass du dich entschieden hast, diese Reise mit mir anzutreten. Ich wünsche mir, dass du mit dem, was auch immer du mit vollem Glauben anfängst, einfach fortfährst. Mach weiter so, denn am Gipfel ist es nie zu voll.

Denk daran – DU BIST BESONDERS!

Über die Autorin

Viktoriya Sokolova ist eine erfolgreiche Wissenschaftlerin mit Wurzeln in der Ukraine. Sie promovierte in Deutschland im Fach Chemie. Seit ihrem Umzug dorthin im Jahr 2003 hat sie sich auf dem Gebiet der Forschung hervorgetan, heute leitet sie biologische Laboratorien an der Universität Duisburg-Essen und ist weltweit vernetzt.

In den vielen Jahren in diesem fremden Land und als Frau hat Viktoriya sich nicht nur ein erfolgreiches Berufsleben aufgebaut, sondern auch eine Familie gegründet. Sie ist stolze Mutter von drei bezaubernden Kindern.

Als sie entdeckte, dass sie eine wunderbare Rednerin war, hielten ihre Fortschritte auf dem Gebiet der Wissenschaft sie nicht davon ab, an der kreativen Front aktiv zu werden.

Die Idee zu *To Rock Your LIFE* entstand aus Viktoriyas Redeprojekten, als sie an den Toastmasters-Treffen teilnahm. Ihr erstes Buch wird sicherlich nicht ihr letztes sein und hat definitiv eine Menge zu bieten!

Vorwort

To Rock Your LIFE
Schalte dein Gehirn öfter ein
als deinen Staubsauger

Der Titel dieses Buches kam mir in den Sinn, als ich in meinem Haus Staub saugte und über all die Zeit nachdachte, die wir (insbesondere Frauen) in unseren Haushalt investieren – Waschen, Putzen, Bügeln, Kochen und … Wie viel Zeit verbringst du mit diesen „Aktivitäten"?

Normalerweise verwende ich auf diese Tätigkeiten, die unabhängig davon durchgeführt werden müssen, was ich darüber denke, mindestens eine Stunde pro Tag.

Eine Stunde pro Tag klingt nach einer fairen Zeit, aber wenn du eine Gesamtzeit pro Woche kalkulierst, erhältst du 7 Stunden und pro Jahr sind es rund 360. 15 volle Tage also deiner geschätzten Zeit werden für Haushaltstätigkeiten aufgewendet!

Es gibt so viele Frauen, die zu Hause bleiben und den ganzen Tag oder zumindest mehrere Stunden ihrer täglichen Zeit mit der Hausarbeit verbringen. Es können mehr als 1000 Stunden pro Jahr sein. Hast du dich jemals gefragt, wo die ganze Zeit bleibt?

Nehmen wir an, du könntest Putzen oder Bügeln mit einigen Fortbildungsprogrammen oder interessanten Hörbüchern kombinieren. Ein durchschnittliches Hörbuch ist etwa 10 Stunden lang. Das heißt, wenn du 1 Stunde pro Tag oder 360 Stunden pro Jahr investierst, kannst du ungefähr 36 Bücher lesen oder hören!

Kennst du jemanden, der so viele Bücher liest? Diese intensive Lektüre kann mit einer Hochschulausbildung vergleichbar sein. Über diese Gedanken sinnieren wir in diesem Buch, über Zeitmanagement und effizientes Arbeiten.

Wenn man zumindest eine Idee davon mitnimmt, sollte es diese sein: **Wenn wir etwas wirklich wollen, finden wir immer die Zeit dafür, aber wenn wir etwas nicht wollen, finden wir eine Ausrede!**

Dies ist mehr als nur ein Buch. Es ist die Inspiration, die du brauchst, um zu sein, wer du bist. Als Frau, als Mutter, als Erzieherin, als Berufstätige bist du nicht weniger als die Männer um dich herum, und das musst du wissen.

Als ich 2003 aus der Ukraine nach Deutschland zog, um eine Stelle als Doktorandin anzutreten, war ich mir nicht sicher, ob ich die Person sein würde, die ich heute bin. Aber hier bin ich, eine erfolgreiche Wissenschaftlerin, Forscherin und stolze Mutter von drei tollen Kindern.

Dieses Buch handelt nicht nur von mir. Ja, ich habe es geschrieben und es enthält viele Geschichten aus meinem persönlichen Leben, aber es geht nicht allein um meine Person. Es geht um dich und was du daraus mitnimmst.

Ich habe für dieses Buch vierzig Geschichten geschrieben. Sie sind nicht nur Erzählungen. Sie sind 5 Minuten lange Lektionen fürs Leben, von denen ich überzeugt bin, dass sie dein Leben für immer verändern werden.

Einführung

Es war mein größter Traum, ein Buch zu schreiben, um Menschen zu inspirieren, das zu tun, was sie inspiriert. In meinem Buch möchte ich zeigen, dass man mit der Geburt der eigenen Kinder nicht aufhören sollte zu träumen, sondern mehr träumen, größer denken und sich noch höhere Ziele setzen sollte als bisher. Deine Kinder werden dir dankbar sein und ihr werdet zusammenwachsen.

Ich bin Wissenschaftlerin in Biologie und Chemie und hatte vor zwei Jahren einen kurzen Forschungsaufenthalt in den USA. Auf dieser Reise habe ich einige neue Methoden zur Entwicklung von Mini-Organoiden aus verschiedenen Zelltypen kennengelernt, biologische Untersuchungen durchgeführt, mit unseren Kooperationspartnern wissenschaftliche Ideen diskutiert und jeden Tag neue Erfahrungen gemacht.

Eines Tages gingen wir zum Mittagessen in ein chinesisches Restaurant. Um die berühmte chinesische Tradition aufrechtzuerhalten, brachten sie, wie du vielleicht weißt, jedem von uns einen Glückskeks.

„Hör jetzt nicht auf!“

Mein Glückskeks enthielt an diesem Tag eben diese Worte. Sie fühlten sich gleichzeitig so allgemein und so konkret an. Ich habe die Botschaft glasklar verstanden. Es war, als wäre es an der Zeit, zu handeln und zu wachsen.

Wenn du ich wärst, wie würdest du es für dich interpretieren?

Damals war es für mich so viel mehr als nur eine lustige Aktivität nach dem Mittagessen. Aus den Worten, die ich in dem Keks fand, erkannte ich: Was auch immer ich tue, ich mache es richtig und sollte es einfach weiter tun.

Seltsamerweise hatte ich damals erst kurz zuvor damit begonnen, den ersten Entwurf meines Buches zu schreiben. Ich hatte das Gefühl, dass das Universum mir sagte, ich sollte stolz auf mich sein, weil ich zumindest den ersten Schritt unternommen hätte, um meine Ziele zu erreichen, und jetzt müsste ich nur noch in kleinen Schritten weitergehen.

„Hör jetzt nicht auf!"

Ist es ein Zeichen? Ich glaube an Zeichen und bin sehr sensibel für sie. Es ist mein sechster Sinn, der meiner Meinung nach wichtiger ist als die anderen fünf, die ich besitze. Wenn du auf ihn hörst, triffst du in der Regel die richtigen Entscheidungen und kannst dich darüber freuen.

Wie triffst du normalerweise deine Entscheidungen? Analysierst du jede Tatsache oder hörst du auf dein Herz?

Ich weiß, dass der sechste Sinn entwickelt werden könnte, wenn man kontinuierlich übt. Aber wenn du dies nicht tust, verlierst du immer wieder, wie du bei

Sonnenuntergang das Licht verlierst, langsam, aber kontinuierlich, und schließlich gibt es danach nur noch vollständige Dunkelheit. Alle Kinder haben diesen magischen sechsten Sinn, aber leider verlieren sie ihn mit zunehmendem Alter. Sie lernen zu analysieren und zu beweisen, und sie beginnen, ihre eigenen Gefühle zu hinterfragen.

Kinder werden mit Liebe geboren und wachsen mit Angst; der Angst, Fehler zu machen, Verantwortung zu übernehmen, zu scheitern. Und was machen Eltern? Teilen sie die Liebe mit ihren Kindern oder bringen sie ihnen bei, sich Sorgen zu machen? Zeigen sie, wie man kreativ sein soll, oder bestrafen sie ihre Kinder, wenn diese ungewöhnlich sind und der Gruppe nicht folgen? Lehren sie durch Vorbild oder nach Art von „Mach es, wie ich es nicht tue"? Wie kritisch könnte der Einfluss unserer Eltern auf uns oder unser Einfluss auf unsere Kinder sein?

All diese Fragen stellen wir uns, und die Antworten darauf sind weder einfach noch leicht, sondern stattdessen schwierig und komplex.

Nachdem ich mehr als dreihundert Bücher über Motivation, Selbstbildung, einen gesunden Lebensstil, Führung, Selbstwachstum, Selbstvertrauen und positives Denken gelesen und mein Wissen im Alltag angewendet habe, möchte ich meine lebenslange Erfahrung, die mit meiner Kindheit begann und durch die Jugend bis in die Gegenwart führt, mit dir teilen.

Heute bin ich Ehefrau, Mutter von drei Kindern, Wissenschaftlerin, Sprecherin und Sportlerin. Von meinen Eltern habe ich gelernt, dass in die Tat umgesetztes Wissen zu einer großartigen Gewohnheit entwickelt werden kann, die deinen Charakter und dein Schicksal prägt. Ich habe erfahren, dass das Wichtigste im Leben darin besteht, nicht mehr „ICH WÜNSCHE“ zu sagen oder: „ICH WERDE“, sondern besser: „ICH KANN ES JETZT!“

Ich werde dir in meinem Buch einige Geheimnisse verraten, die mir auf meinem Weg geholfen haben und die dir helfen werden, deinen Traum zu verwirklichen. Ich werde mit dir meine persönlichen Geschichten, Höhen und Tiefen und einige Methoden teilen, die wie von Zauberhand wirken, auch wenn du nicht an Märchen glaubst. Ich konzentriere mich auf deine Entwicklung und deine Kinder. In meinem Buch wirst du keine Fakten oder Statistiken finden, denn ich werde mit dir teilen, was von Herzen kommt, was dich berührt und mich zu dem gemacht hat, was ich heute bin: meine persönlichen Motivationsgeschichten. Komm mit auf eine Reise, die du nie vergessen wirst. Ich wünsche dir das Beste!

Mit Liebe,

Viktoriya

Meine Träume

„Gib deine Träume nicht auf, sonst geben deine Träume dich auf.“

— John Wooden

Erinnerst du dich an deine Kindheitsträume? Ich hatte nicht einen, zwei oder auch einmal drei, sondern tatsächlich viele Träume. Ich hatte einen großen Traum, bei dem ich sah, wie ich jedes mögliche Ziel erreichte, das ich mir vorstellen konnte. Selbst Generationen meiner Familie waren außerstande, jemals zu realisieren, dass ich die Welt erobern, Olympiasieger werden, in Hollywood spielen, einen Oscar gewinnen, Krankheiten heilen und einen Nobelpreis erhalten wollte. Ich war eine Träumerin.

Alles, was meine Träume wahr werden ließ, begann vor 38 Jahren in der Ukraine. Ich wurde in eine sehr sportliche Familie geboren. Meine Eltern brachten mir das Schwimmen bei, noch bevor ich laufen konnte. Und als ich fünf Jahre alt war, begann ich Unterricht im Wasserspringen zu nehmen. Ich erinnere mich noch gut an mein allererstes Training im Schwimmbad. Ich wurde natürlich von meinen Eltern begleitet.

Die Trainerin kam makellos und schön daher. Sie ging wie ein Pfau, aber ihre Haltung erinnert mich immer noch an einen Flamingo. Hinter der Schönheit stand eine sehr strenge und wilde Frau – und eine Frau weniger Worte. Sie sagte zu meinen Eltern: „Ich werde Ihre Tochter zu einem Testtraining mitnehmen und wenn sie nicht in 15 Minuten zurückkommt, können Sie daraus schließen, dass sie in unsere Wettkampfgruppe aufgenommen wird.“ Sie streckte ihre Hand aus, ich hielt sie fest, und weg waren wir.

Meine Eltern blieben und beteten, dass ich nicht so schnell zurückkäme. Nach zwanzig Minuten waren sie super froh, dass ich noch nicht wieder da war. Nach vierzig Minuten begannen sie sich Sorgen um mich zu machen. Nach einer Stunde gerieten sie in Panik. Und da war ich: strahlend, als ich zurückkam. Ich war ein kleiner Feuerball, strahlte vor Energie und fühlte mich super glücklich.

Normalerweise freuen sich Kinder in drei Fällen: wenn sie Überraschungen erleben, Ängste überwinden oder neu erlernte Fähigkeiten zeigen können. Für mich traf alles auf einmal zu. Am Pool hatte ich der Trainerin nach vielen Minuten gezeigt, dass ich zuversichtlich war. Sie fragte, ob ich am Wasserspringen interessiert wäre. Dann zeigte sie auf das 3-Meter-Brett. Für so ein kleines Mädchen, wie ich es war, entspricht ein 3-Meter- einem 10-Meter-Brett für einen Erwachsenen. Aber ich wollte ihr beweisen, dass ich es konnte, dass ich stärker war. Die Angst drehte mir schier den Magen um, ich fühlte mich wie ein Spatz, der zum ersten Mal aus dem Nest fliegt. Ich schloss meine Augen, trat einen Schritt vor und sprang. Es war so ein tolles Gefühl. Ich fühlte

Stolz und Glück. Ich stand aufrecht, als ich meinem Verstand einen Ruck gab und die ganze Welt vor mir auf den Knien sah. Ich sprang. Ich hatte Angst, aber die Erfahrung war berauschend.

„Schatz, wo warst du so lange?“, fragte meine Mutter.

„Ich sprang!“, lautete meine stolze Antwort.

„Was?“ Ich fühlte mich erhaben, als der strenge und schöne Flamingo aufgeregt meinen Eltern erzählte, dass ich mit Leichtigkeit von einem 3 Meter hohen Brett gesprungen sei.

„Ich habe immer an dich geglaubt!“, sagte mein Vater.

An diesem Tag und solange ich mit ihm zusammenlebte, gab mir mein Vater das Gefühl, dass ich alles schaffen kann. Ich konnte spüren, wie seine Liebe mich wie eine frische und warme Decke direkt aus dem Trockner umgab. Ich wünschte, jeder hätte einen Vater wie meinen. Aber dann wurde mir klar, dass er zu speziell war, um wie jeder andere zu sein. Und weißt du was? „Ich glaubte an dich!“, war seine Antwort auf all meine Errungenschaften.

Mein erstes Klavierkonzert – „Ich habe an dich geglaubt!“.

Erste Plätze im Sport – „Ich habe an dich geglaubt!“.

Meine Schulnoten, die nicht so gut waren, wie ich es wollte – mein Vater glaubte noch immer an mich und gab mir ein Buch: „Wenn du reich und glücklich sein willst, geh nicht zur Schule“ von Robert Kiyosaki. Mein ganzes Leben lang hat mich mein Vater motiviert und mir erzählt, wie er an mich geglaubt hat und wie ich das schaffen kann, was ich endlich erreichte.

Ich habe dieses Buch gelesen und wurde glücklich, aber nicht reich, und ging dank meiner Mutter weiter zur Schule.

Nach dem Abitur musste ich wählen – Sport oder Wissenschaft. Ich habe mich für die Wissenschaft entschieden. *Hinweis*: Ich hatte einen Nobelpreis im Auge!

Also tauchte ich in die Biologie ein und diese brachte mich nach Deutschland, wo ich jetzt als Wissenschaftlerin wirke. Ich habe das Ziel, ein therapeutisches Heilmittel gegen Krebs zu entwickeln und hoffentlich Millionen von Leben zu retten.

Aber das ist nur einer meiner Träume. Meine anderen Träume sind in mir lebendig. Sie verleihen mir Flügel. Ich bin nicht hoch unter den Adlern geflogen, wo ich mich in diesen Träumen sehe. Ich habe vielleicht meine Sehnsucht vergessen, ein Adler zu sein, aber wie eine Möwe, die nahe am Wasser gleitet (mein jetziger Traum), fliege ich glücklich in die Nähe meiner Vision, die einst unerreichbar war.

Meine Träume geben mehr Sinn und erfüllen mein Herz mit mehr Leben, als sich irgendjemand vorstellen kann. Mein größter Wunsch ist es jetzt, aus meinen Kindern großartige Menschen zu machen und andere junge Familien zu inspirieren, den Weg großer Kreativität und Entwicklung zu gehen.

Das Leben ist schön, und wenn du jeden Moment eines jeden Tages genießt, wirst du glücklich sein, egal was passiert oder sich auf dem Weg ändert.

Und was sind deine Träume? Folge ihnen, sie kennen den Weg.

Wie Robin Sharma sagte: „Wenn wir unsere Träume aufgeben, sterben wir, während wir noch leben."

Lebe deine Träume, denn sie geben dir die verjüngende Kraft, die dich dazu bringt, Berge zu erklimmen, von denen du nie wusstest, dass sie existieren.

Wer ist dein Held?

„Ein bester Freund ist der einzige, der in dein Leben tritt, wenn die Welt verschwunden ist."

— Shannon l. Alder

Jeden Sommer fuhr meine Familie in die Ferien nach Sotschi am Schwarzen Meer, wo meine Großmutter lebte. Es war der beste Urlaub, den ich mir vorstellen konnte. Ich verbrachte den ganzen Tag damit, zu tauchen, zu schwimmen und ins Wasser zu springen, an einem menschenleeren Ort, wo die Natur wild und schön war, genau wie der Amazonas in den Filmen. Ich hatte viel Spaß beim Schwimmen und Muscheltauchen mit meinem Bruder. Aber das war nicht der Fall, bevor ich schwimmen gelernt habe.

Als ich drei Jahre alt war, hatte ich Angst vor dem Wasser. Warum? Ich weiß es immer noch nicht. Ich liebte das Meer, die riesigen Wellen und die schöne Aussicht auf das Meer. Aber der Gedanke, ins Wasser zu gehen, erschreckte mich.

Selbst meine Eltern, die sich bemühten, mir zu erklären und zu zeigen, dass Schwimmen so viel Spaß macht, konnten mich nicht überreden. Es frustrierte sie ohne Ende, was mich wiederum stur und nervös machte.

Eines Tages begann unser Nachmittag am Meer wie hunderte Male zuvor und versprach keine Ausnahme. Wie immer war ich sehr begeistert, ans Meer zu gehen und mit meinem Bruder zu spielen. Ich sang: „Meer, Meer, Meer!“, die ganze Zeit, als wir noch zu Hause waren.

Aber als wir am Strand ankamen, war es Zeit, schwimmen zu gehen. Allerdings nicht für mich! Mir tat es gut, am Strand zu spielen. Meine Eltern hatten endlich genug und beschlossen, noch strenger zu sein als zuvor. „Liebling, wenn du jetzt nicht ins Meer gehst, packen wir unsere Sachen und gehen zurück nach Hause.“

„Okay“, sagte ich. „Gehen wir nach Hause.“ Es war die Antwort eines 3-jährigen kleinen Mädchens, das Angst hatte und bereit war, alles zu tun, um nicht ins Wasser zu gehen.

Die Geschichte wäre vorbei, wenn da nicht mein großer, drei Jahre älterer Bruder geholfen hätte. Er kam zu mir und sagte: „Vik, folge mir, ich zeige dir etwas.“ Seine Stimme war so selbstbewusst und kraftvoll, dass ich sofort beschloss, ihm zu folgen. Wir kamen an den Rand des Wassers, wo es ruhig war und keine Wellen gab. Mein Bruder stieg hinein, drehte sich um und sah mir direkt in die Augen: „Komm bis zu den Knien ins Wasser, sonst sind wir keine Freunde mehr.“

Ich hatte Angst, aber unsere Freundschaft war Gold für mich, einfach das Wichtigste. Also bewegte ich mich langsam ins Wasser, bis es meine Knie erreichte. Ich sah meinen Bruder an, aber er fuhr fort: „Komm bis zur Hüfte ins Wasser, sonst sind wir keine Freunde mehr." Ich öffnete meine Augen weit. Das knietiefe Wasser war mir schon zu viel! Aber sollte ich jetzt aufhören und meinen besten Freund verlieren? Es war der Gedanke eines kleinen Mädchens. Also tat ich es einfach und wartete wieder auf seine Anerkennung.

Als mein Bruder mich im Wasser stehend ansah, ging er ein paar Schritte zurück, so dass er fast schwamm, und sagte: „Und jetzt geh bis zu deinen Schultern, sonst sind wir keine Freunde mehr." Diesmal habe ich es sofort gemacht. Es war für mich schon wie ein Spiel, bei dem ich nur den Anweisungen meines Trainers gefolgt bin, dem ich geglaubt und vertraut habe. Als das Wasser meine Schultern erreicht hatte und ich fast schwebte, sah ich meinen Bruder an und er lächelte. Es war die größte Anerkennung, die ich mir vorstellen konnte.

Ich fühlte mich sicher, bis zum Kopf im Wasser zu stehen und Schwimmbewegungen nachzuahmen. Ich war glücklich, sehr glücklich, und ich hatte keine Angst mehr vor Wasser, da der Verlust der Freundschaft meines Bruders für mich viel beängstigender war.

Als ich mich umdrehte und auf den Strand schaute, bemerkte ich, dass meine Eltern erstaunt dastanden und das Drama beobachteten. Manchmal kann es besser sein, einen Bruder zu haben als einen Superhelden. An diesem Tag lernte ich nicht schwimmen, aber es war der erste Schritt zu meiner professionellen Karriere im Wasserspringen. Und ich habe gelernt:

Du musst nicht großartig sein, um etwas Mächtiges zu beginnen, aber du solltest mit aller Kraft beginnen, um diese Größe zu erreichen.

Du kannst viele Male hinfallen, aber du solltest noch einmal aufstehen, um vorwärts zu kommen und zu wachsen. Und es ist so toll, Menschen in deinem Leben zu haben, die für dich deine Grenzen höher setzen und dir helfen, diese zu erreichen!

Setze dir größere Ziele

„Die größere Gefahr für die meisten von uns besteht nicht darin, dass unser Ziel zu hoch ist und es verfehlt wird, sondern dass es zu niedrig ist und wir es erreichen."

— Michelangelo

Es gibt eine Formel, wie du deine Träume verwirklichen könntest, indem du dir klare, hohe Ziele setzt:

Ziele + Anstrengung = Träume werden wahr

Was motiviert dich, etwas zu tun? Belohnung? Anerkennung von Menschen, die du schätzst? Oder zeigst du einfach, dass du es kannst?

Meine Motivation, einen Marathon zu laufen, war nur ein kostenloses T-Shirt, das man als Belohnung erhielt, wenn man eine solche Distanz schaffte. Würdest du es tun?

Natürlich wollte ich mir auch beweisen, dass ich das kann. Manchmal, wenn man weniger weiß, versucht man mehr, und das war in meinem Fall auch so, als ich – ein 16-jähriges ukrainisches Mädchen – beschloss, einen Marathon zu laufen.

Dieser Tag begann mit einigen Herausforderungen, die ich noch meistern musste. Meine Mutter und ich kamen eine Stunde vor Beginn der Veranstaltung zu einer Marathon-Anmeldung und die erste Frage, die mir gestellt wurde, lautete: „Mädchen, wie alt bist du?" Ich sagte: „Ich bin 16

Jahre alt.“ Die folgende Antwort war für mich sehr einfach und hart: „Du bist noch keine 18 und kannst nicht am Marathon teilnehmen, also wähle eine andere Distanz zwischen 10 und 20 Kilometern.“

Du kannst dir nicht vorstellen, wie aufgebracht ich war, als ich diese Antwort hörte, denn ich hatte nur ein Ziel, nämlich einen Marathon zu laufen und das T-Shirt zu gewinnen. Ich konnte die Antwort „NEIN“ nicht akzeptieren und fragte immer wieder nach weiteren Möglichkeiten, den Marathon zu bestreiten. Nach dutzenden Fragen hielt die Frau an der Registrierung das nicht mehr aus und sagte: „Wenn deine Mutter ein Dokument unterschreibt, dass sie die Verantwortung für dich übernimmt und uns nicht die Schuld gibt, wenn du unterwegs zusammenbrichst, dann kannst du beim Marathon mitmachen.“ Meine Mutter unterschrieb dieses Dokument sofort und wünschte mir viel Glück. Ich war froh, dass ich diese Gelegenheit hatte, und meiner Mutter so dankbar, dass sie an mich glaubte. Dies war bereits ein großer Erfolg.

Wir begannen zu laufen. Wir mussten sieben große Runden um die Stadt von jeweils sechs Kilometern meistern. Ich begann sehr selbstbewusst und bereitete mich auf einen mehrstündigen Wettkampf vor. Ich wusste, dass ich meine Kraft für die gesamte Distanz sparen musste. Es war ein heißer und sonniger Tag. Auf der Straße wurden Flaschen mit kaltem Wasser verteilt. Nach der dritten Runde wurde ich langsamer, ich wollte mich ausruhen, da ich sehr durstig war, aber ich lief weiter und dann kam ein neuer Wind auf. Um etwas abzukühlen und Kraft zu tanken, begann ich, mir Wasser über den Kopf zu gießen. Wenn du ein Ziel anstrebst, sind alle Wege richtig. Ich war von Kopf bis Fuß nass, aber ich war froh, dass ich mit jedem Schritt meinem Ziel nähergekommen bin. Ich schaffte sechs Runden, das waren etwa 36 Kilometer, und es dauerte 4 Stunden, bis ich aufhörte zu laufen. Es war meine Grenze, die Grenze eines 16-jährigen Mädchens. Ja, ich bin keine 42 Kilometer gelaufen und ich habe mein Lieblings-T-Shirt nicht bekommen, aber ich wusste auch, dass ich, wenn ich mein Limit auf 20 km gesetzt hätte, nie 36 km erreicht, meinen eigenen Erfolg nie genossen und meine Grenzen nie kennengelernt hätte.

Es ist wichtig, deine Grenzen herauszufordern und deine Herausforderungen nicht einzuschränken.

In der nächsten Woche spürte ich alle meine Muskeln. Ich musste mich aus meinem Bett rollen, weil ich nicht richtig aufstehen konnte. Es war jedoch ein unglaubliches Erlebnis. Wenn du dir größere Ziele setzt, schaffst du viel mehr!

Meine Sprache ist mein Handeln

„Das Leben beginnt außerhalb deiner Komfortzone."

— Neale Donald Walsh

Glaubst du an die Macht der Worte?

Nun, ich tue es. Worte können dich traurig machen oder zum Lachen bringen! Sie können dir das Herz brechen oder dich zum Fliegen bringen. Wir hören Worte jeden Tag, die uns auf gute oder schlechte Weise beeinflussen.

Ich kenne ein kleines Mädchen, das sehr schüchtern war. Sie mochte lange Reden in der Schule, besonders wenn sie von ihren Lehrern gehalten wurden. Wenn sie sprachen, hatten sie keine Zeit, sie zu fragen. Aber als sie deren drei Wörter „Du antwortest jetzt!" hörte, begann ihr Herz zu schlagen wie ein Hochgeschwindigkeitszug. Auch jetzt, wenn ich in den Spiegel schaue, frage ich mich: „Was ist mit diesem kleinen, schüchternen Mädchen in mir passiert?"

Mein Leben änderte sich komplett, als ich 19 Jahre alt war und zum ersten Mal meine Heimat Ukraine verließ, mit dem Flugzeug flog und ein neues Land, die USA, besuchte. Für mich war es ein Land von Hollywood, Filmstars und McDonald's. Wer mag McDonald's nicht, besonders als Kind?

Ich kam als Trainerin für Schwimmen und Wasserspringen ins American Camp und wurde so herzlich empfangen. Umarmungen gaben mir ein großartiges Gefühl;

Lächeln machte mich glücklich, aber Witze auf Englisch waren ein Schock für mich. Ich lächelte weiter, aber verstand nichts. In der Ukraine lernt man Englisch in der Schule zehn Jahre lang durch Lesen und Schreiben. Und was du dann sagen kannst, ist eigentlich nur dein Name und woher du kommst.

Ich erinnere mich noch an meine allererste Unterrichtsstunde im Camp. Es war ein Wasserspringen-Unterricht, und ich war die Trainerin. Um mich herum saßen zehn Kinder am Beckenrand und warteten auf meine Anweisungen. „Hallo! Mein Name ist Viktoriya. Ich bin aus der Ukraine“, sagte ich, sah die Kinder an und lächelte. Sie sahen mich an und waren so still, dass ich eine Mücke vorbeifliegen hörte. „Mögt ihr Wasserspringen?“, fuhr ich fort. Es herrschte immer noch Stille. Vielleicht warteten die Kinder auf weitere Erklärungen zum Wasserspringen.

Okay, dachte ich, es ist Zeit zu handeln. „Leute, schaut mich an und folgt mir!“, sagte ich zu den Kindern, ging auf das Sprungbrett und machte einen doppelten Vorwärtsflip ohne Spritzer. Die Kinder waren erstaunt. Ich konnte ihre Münder nicht schließen. Als Nächstes sprang ich einfach vom Sprungbrett und sie sprangen hinter mir her. Wenn sie gut sprangen, wie ein Delfin, dann applaudierte ich ihnen. Wenn sie wie ein kleiner Frosch sprangen, dann sprang ich selbst wie ein großer Frosch, um alle Fehler zu zeigen; dann lief ich zurück zum Brett und sprang wieder, um zu demonstrieren, wie man es richtig macht. Ich habe in einer Stunde hundert Sprünge durchgeführt, einfach deshalb, weil ich kein Englisch konnte. **Meine Sprache war mein Handeln.** Die Kinder haben es geliebt. Sie lachten, spielten und hatten viel Spaß. Ich war glücklich, aber gleichzeitig auch erschöpft. Wollte ich unterrichten? Natürlich. War ich bereit zu unterrichten? Du kannst es erraten.

Hattest du jemals das Gefühl, dass du ertrinkst?

Damals fühlte ich mich überfordert und unsicher. Ich gab mein Bestes im Unterrichten, aber der Druck wurde von Tag zu Tag größer, obwohl meine Fähigkeiten sich verbesserten.

Eine Woche später stand unser erstes Outdoor-Wandern mit den Kindern auf dem Plan. Sie waren sehr aufgeregt, das Lager zu verlassen, im Wald zu spielen, Kartoffeln über dem Feuer zu backen und in Schlafsäcken zu übernachten. Dieser Tag bildete für mich den Wendepunkt der ganzen Geschichte. Ich hatte einen Nachttraum, dass mein Chef zu mir kam und sagte: „Viktoriya, du hast so einen tollen Job gemacht! Danke, du warst eine tolle Trainerin. Du kannst jetzt wieder nach Hause fliegen.“ Ich freute mich über seine anerkennenden Worte, meine Mission im Camp war beendet und ich flog in meinen Träumen nach Hause zurück, wo meine Eltern schon auf mich warteten. Ich war wieder daheim in meiner gemütlichen Umgebung und sprach meine Muttersprache. Was könnte besser sein? Mein Herz war voller Freude und Glück.

„Viktoriya, wach auf!“ Ich öffnete meine Augen, nur um zu wissen, dass ich träumte. Ich war jetzt wieder in der Realität, einer schockierenden Realität. Es schien, als würde Elektrizität durch meine Knochen fließen. Als ich das süße kleine Mädchen vor mir sah, wurde mir klar, dass es nur ein Traum war. Ich wollte in meinen schönen Nachttraum zurückkehren und allen Pflichten, Herausforderungen und Verantwortlichkeiten entfliehen, denen ich in meiner Wirklichkeit gegenüberstand. **Aber ich habe auch gelernt, dass ein tiefer Atemzug, das Zählen bis zehn und der Blick in sich selbst hinein helfen, sich auf das Hier und Jetzt zu konzentrieren.**

War es wirklich so schlimm oder nur die negative Kraft meiner Gedanken, die sich in den letzten Wochen in mir angesammelt und Stress erzeugt hatten? Könnte ich meine Gefühle unter Kontrolle bringen und mich auf meine Stärken im jeweiligen Moment konzentrieren? Könnte meine Handlung meine Emotionen verändern?

Schritt für Schritt überzeugte ich mich davon, dass es nur eine Lektion fürs Leben war, und wenn ich nicht aufgeben würde, könnte ich lernen und weiterwachsen.

Ich sah das kleine süße Mädchen an, das immer noch neben mir stand und versuchte mich aufzuwecken. Ihr reizendes Lächeln war erstaunlich; sie freute sich, mich zu sehen. Ich sah in ihrem Blick, dass sie etwas Besonderes für mich hatte. Ich schaute mich um und konnte meinen Augen nicht trauen. Kinder aus meiner Gruppe waren früher aufgewacht und hatten mir das Frühstück zubereitet. Was könnte besser sein? Es war ihre Art, zu zeigen, wie sehr sie mich schätzten und sich um mich kümmerten; dazu waren keine Worte nötig. Es war eine internationale Sprache, für jeden verständlich.

„Du bist unsere beste Trainerin, Viktoriya!“, sagten die Kinder gleichzeitig. Dieser Satz gab mir Zuversicht und die Kraft, vorwärts zu gehen. Wie wichtig es für mich war, die richtigen Worte am richtigen Ort von Menschen zu hören, die mich liebten und sich um mich kümmerten – es war magisch und für jeden verständlich.

Dies war eine unvergessliche Reise mit vielen Eindrücken. Zum ersten Mal war ich ganz allein; eine neue Sprache, eine neue Kultur und natürlich neue Schwierigkeiten. Diese Reise und ihre Herausforderungen haben mir eine großartige Erfahrung beschert und mich gelehrt, an mich selbst zu glauben. Ich habe auch gelernt, dass ich, wenn ich etwas erreichen möchte, die folgenden Schritte beherzigen sollte:

Träumen – Planen – Handeln

Denk daran, dass der einzige Weg, um zu wachsen und dein volles Potenzial auszuschöpfen, darin besteht, deine Komfortzone zu verlassen.

Keine Angst

„Das menschliche Gehirn ist etwas Wunderbares. Es beginnt mit der Geburt zu arbeiten und hört nie auf, bis Sie aufstehen, um in der Öffentlichkeit zu sprechen.“

— George Jessel

Mit schnellem Herzschlag, Atemnot und zitternden Händen öffne ich die Tür zum Hörsaal. Mehrere Dutzend Augen schauen mich an. Es ist meine erste Vorlesung als Hochschullehrerin, das erste Mal 90 Minuten lang reden. Ich betrete den Raum und sehe mich um, in der Erwartung, dass meine Nervosität zunehmen wird. Einige Minuten sind vergangen, aber ich beobachte immer noch. Meine Studenten erinnern mich an mich selbst vor zehn Jahren, als ich auch noch Studentin, schüchtern und unsicher war. Ich reflektiere, dass ich nervös war, nur weil ich die Vorlesung besuchte. Ich würde in der Ecke sitzen, wo mich niemand sehen konnte. Aber warum? Warum war ich dann nervös? Und weshalb jetzt?

Nervös zu sein ist ein Gefühl wie alle anderen – Glück, Freude, Traurigkeit und mehr. Wir können lernen, es zu kontrollieren. Wenn ich mich nur daran erinnere, dass alle nervös sind – Studenten, weil sie mich nicht kennen, und ich, weil ich zum ersten Mal meine Vorlesung halte – dann erleichtert mich das. Ich komme zu mir zurück und atme langsam. Ich lächle und beginne meine Vorlesung: „Ich bin kein Monster und hoffe auf fruchtbare Diskussionen." Studenten lachen und mein Vortrag beginnt endlich.

Ja, sie werden in den nächsten zehn Jahren an meiner Stelle sein und ihre eigenen Entscheidungen treffen. Und jetzt ist es mir wichtig, eine freundliche und lernende Atmosphäre zu schaffen, ihnen eine Chance zu geben, sie selbst zu sein.

Eine solche Angst – vor Zurückweisung, Verantwortung und Verurteilung – könnte nicht nur bei öffentlichen Reden, sondern überall und in jeder Situation auftreten. Bin ich gut genug, um ein Projekt zu leiten, ein Buch zu schreiben, Kinder zu erziehen oder einen Marathon zu laufen?

Ja, du bist gut genug. Woher weiß ich das?

Denn wer sich solche Fragen stellen kann, ist auch in der Lage, die Antwort zu finden und die Aufgabe zu lösen. Sonst würdest du dich nicht mit solchen Fragen beschäftigen. Ich denke zurück, wie ich mich gefragt habe: „Wie kann ich großartige Reden und gleichzeitig meine Emotionen unter Kontrolle halten, den Moment genießen und selbstbewusst bleiben?"

Ich habe von meinen Freunden über Toastmasters erfahren. Und ich beschloss, diesem Club beizutreten und eine neue Fähigkeit zu erwerben – die Fähigkeit, in der Öffentlichkeit zu sprechen. Ich habe dort gelernt, dass du dir drei Fragen beantworten solltest, wenn du dir eine neue

Kompetenz aneignest und in einem bestimmten Bereich professionell sein möchtest: WARUM? WAS? UND WIE?

Warum willst du das? Was willst du? Und wie kannst du es bekommen?

Mein WARUM lautete wie folgt:

Ich wollte beim Reden stark sein und mich auf der Bühne sicher fühlen. Die nächste Frage kam auf: Was tun mit der Angst? Und die Antwort ist HANDELN.

Es waren einmal drei Frösche auf einem Baumstamm. Einer von ihnen beschloss, zu springen. Wie viele waren noch übrig?

Antwort: Es gibt immer noch drei Frösche auf einem Baumstamm. Dieser hat nur entschieden, aber nichts unternommen!

Handeln tötet jede Angst. Handeln verleiht dir die Kontrolle und ist die Kraft in dir, die zaubern kann. Und wenn du handelst, achte auf die Menschen um dich herum, höre mehr zu und sprich weniger.

Neulich habe ich ein tolles Zitat gelesen: **„Die goldene Regel ist: Behandle andere so, wie DU behandelt werden möchtest. Die Platinregel: Behandle andere so, wie SIE behandelt werden möchten!“**

Und sie werden dich so behandeln, wie du behandelt werden möchtest, denn alles ist ein Spiegel.

Zweiter sein

„Der Zweite ist ein Feind des Ersten."

— Viktoriya Sokolova

Ich hasse es, Zweite zu sein, und ich bin nicht die Einzige. Zweite zu sein bedeutet, dass du hart genug gearbeitet hast, um die Spitze zu erreichen, es aber aus irgendeinem Grund vermasselt hast, die Erste zu sein. War es wegen dir? Deinem Trainer? Weil du zu wenig geschlafen hast oder deine Emotionen nicht unter Kontrolle halten konntest? Oder hast du dich auf deinen Gegner konzentriert, anstatt dein Bestes zu geben?

Du stellst dir ähnliche Fragen und versuchst, eine Antwort zu finden.

Warum warst du es? Warum nicht heute? Und warum nicht die Erste?

Ich hatte meinen allerersten Redewettbewerb bei Toastmasters, einer Organisation, die bekannte Sprechclubs auf der ganzen Welt betreibt. Er fand auf Club-Ebene statt und bot die Möglichkeit, sich auf Area-Ebene zu qualifizieren, und ich war sehr aufgeregt, daran teilzunehmen. In den letzten Monaten hatte ich mich auf dieses Ereignis vorbereitet. Ich habe Hunderte Male eine Rede geschrieben, einstudiert und auf Video aufgenommen. Sogar meine Kinder lernten meine Rede mit mir, als ich vor ihnen übte. Ich hatte das Glück, meine eigenen Bewerter zu haben, die ihre Rollen sehr ernst nahmen. Sie sagten mir ehrlich und direkt, ob ich mich zu viel oder zu langsam bewegte, ob ich langweilig war oder zu schnell sprach. Aber sie lachten und klatschten laut, wenn es ihnen gefiel. Ich habe mich sehr gefreut, diese unvergesslichen Momente mit meinen Kindern zu teilen.

Endlich kam der Tag, auf den ich mich vorbereitet hatte. Ich war erwartungsfroh und es wurde Zeit, in den Club zu gehen. Nach ein paar herzlichen Worten und Glückwünschen von meinen Liebsten verließ ich mein Zuhause. Beim Wettbewerb war ich aufgeregt und glücklich zugleich. Ich sagte mir, ich solle mich auf die Rede konzentrieren und die Zeit genießen.

Es war Zeit, auf die Bühne zu gehen – ein solch fantastisches Gefühl, wenn man im Augenblick lebt und den Kontakt mit seinem Publikum genießt.

Ich konnte es nie tun, bevor ich Toastmasters beigetreten bin. Mein Herz würde aus meiner Brust springen, meine Stimme trillern und meine Hände würden zittern. Ich betete dafür, meinen Vortrag so schnell wie möglich beenden und verschwinden zu können, noch bevor das Publikum applaudierte. Ich hielt gerne Reden, aber meine Nervosität würde mich umbringen. Ich wollte lernen, auf der Bühne ich selbst zu sein und meine Emotionen kontrollieren zu können.

Durch einige Vorträge bei Toastmasters wurde mir klar, dass viel von Vorbereitung und Übung abhängt.

Wie auch immer, kommen wir zurück zu meiner Wettbewerbsrede.

Es lief super, gefolgt von Lächeln, Lachen und großem Applaus am Ende. Mein Publikum hat mich hochgehoben. Ich war stolz darauf, wenn ich über die Herausforderungen nachdachte, die ich bewältigen musste, um diesen Moment genießen zu können. Meine Gedanken flogen hoch. Ich habe schon davon geträumt, unter Champions auf der Bühne zu stehen.

„Und der zweite Platz“, verkündete der Wettbewerbsvorsitzende, „geht an Viktoriya!“ Für mich war es wie eine eiskalte Dusche. „Oh, das musste ein großer Fehler sein“, dachte ich. Aber meine innere Stimme sagte mir: „Du solltest es stolz annehmen.“ Ich lächelte, ging auf die Bühne und erhielt meinen Preis, aber innerlich fühlte ich Leere und Enttäuschung.

Ich strebte nach dem ersten Platz, um mich für das Area-Level qualifizieren zu können, aber das war nicht der Fall. Ich war Zweite, was bedeutete, mich von der großen Bühne zu verabschieden. Ich traf zu Hause ein, immer noch in Gedanken gebadet. Meine Tochter kam zu mir und fragte nach den Ergebnissen. „Ich habe den zweiten Platz bekommen“, war meine Antwort. „Herzlichen Glückwunsch, Mama, wir sind so stolz auf dich!“ „Aber ich konnte mich nicht weiter qualifizieren“, antwortete ich traurig. „Liebling, wie schaffst du es, Erste zu sein?“ Ich fragte meine 9-jährige Tochter, die in ihrer Gruppe Meisterin der Rhythmischen Sportgymnastik ist. „Mama, ich habe die letzten fünf Jahre viermal pro Woche hart trainiert, jeweils drei Stunden. Und du übst seit sechs Monaten, du hast gerade erst angefangen. Kannst du dir vorstellen, wo du in fünf Jahren sein wirst, wenn du wie ich trainieren würdest?“

Ich war erstaunt, eine so weise Erklärung von meiner kleinen Tochter zu hören.

Es war die größte Lektion, die ich von ihr gelernt habe: „EINFACH WEITER ÜBEN.“ Diese Worte sind immer noch bei mir und sie werden für immer in meinem Herzen sein. In den Augen meiner Kinder bin ich schon jetzt ein Champion, und das zählt am meisten.

Ich werde meinen Träumen folgen. Der zweite Platz inspiriert mich einfach, niemals aufzugeben. Bei Toastmasters habe ich gerade erst angefangen und meine Zeit wird definitiv kommen.

Wie lernen wir Sprachen?

„In zwanzig Jahren wirst du dich mehr über Dinge ärgern, die du nicht getan hast, als über die, die du getan hast. Also, wirf die Leinen und segle fort aus deinem sicheren Hafen. Fange den Wind in deinen Segeln. Forsche. Träume. Entdecke.“

— Mark Twain

Wie lernen wir normalerweise Sprachen? In der Schule durch Lesen und Schreiben. Und erfolgreich? Nicht für mich. Ich habe in der Schule die besten Noten in Englisch bekommen, aber das Leben hat mir ganz andere Lektionen gegeben – Schock, Frust und Druck.

Ich habe drei wichtige Regeln für dich, die dir helfen, deine Lernfähigkeiten zu verbessern.

Die erste Regel heißt MOTIVATION und GROSSE ZIELE. Stell dir vor, du fährst in drei Monaten nach Spanien (oder in jedes andere Land, das du dir vorstellen kannst) und du wirst nur Spanisch sprechen (wenn wir davon ausgehen, dass es nicht deine Muttersprache ist und du es lernen möchtest). Was denkst du, wie groß wird deine Motivation sein?

Die zweite Regel ist die optimale LERNUMGEBUNG. Wenn du nach Spanien fährst, wünsche ich dir, dass du vollständig in diese neue Umgebung eintauchst und

Menschen, die NUR Spanisch verstehen, um dich herum hast. Nur so kannst du dein Wissen anwenden und die neue Sprache lernen.

Und die dritte Regel lautet KEINE ANGST. Normalerweise haben wir beim Erlernen neuer Sprachen Angst, Fehler zu machen, wie zum Beispiel etwas Falsches zu sagen oder ein Wort verkehrt auszusprechen. Wir glauben, dass wir dumm aussehen werden, wenn wir diese Fehler begehen.

Hast du schon gesehen, wie Kinder eine Sprache erlernen? Sie haben keine Angst, keine Einschränkungen. Sie können ein einzelnes Wort tausendmal wiederholen wie ein Papagei. Sie bringen alle zum Lachen und haben eine tolle Zeit, indem sie üben und mit neuen Wörtern spielen.

Handle also, denn Handeln tötet Angst und macht dich stärker. Sobald du deine erste Fremdsprache gelernt hast, fällt dir die zweite Sprache leichter und die dritte noch leichter.

Vor nicht allzu langer Zeit befanden wir uns in einer engen Zusammenarbeit mit China (und das tun wir immer noch). Ich war mindestens zehn Mal dort und habe jeden dieser Besuche sehr genossen, weil ich gerne reise und als Mutter von drei Kindern manchmal überwältigt bin. Das Reisen gibt mir Zeit, an meinen Träumen zu arbeiten. Mein erster Aufenthalt in China ermöglichte mir, neue Leute kennenzulernen, Zeit in einer neuen Umgebung zu verbringen, in eine bislang fremde Kultur einzutauchen und köstliches chinesisches Essen zu probieren. Es gab nur ein kleines Problem – niemand außerhalb der dortigen Universität konnte Englisch, und ich kein Chinesisch. Also beschloss ich nach meiner ersten Reise nach China Chinesisch zu lernen. Und um mich auf meinen nächsten Besuch vorzubereiten, habe ich zwei Wochen lang die chinesische Sprache gelernt, bevor ich wieder nach China reiste. Ich habe mir die Grundlagen wie Zahlen, Begrüßungen und kleine Gespräche angeeignet. Mit anderen Worten: Ich habe mich zwei Wochen lang in die chinesische Sprache vertieft, wie ein Student, der eine Nacht vor der Prüfung lernt. Und ich werde nie vergessen, dass, als ich wieder nach China kam und anfing, Chinesisch zu sprechen, meine Artikulation sich völlig verändert hatte. Wenn du mich nachts geweckt hättest, würde ich NI HAO sagen, was HALLO bedeutet. Ich konnte in jeden Laden gehen und nach Brot, Eis oder allem, was ich brauchte, fragen. Sie verstanden mich, aber was noch wichtiger war, ich hatte eine tolle Zeit, Chinesisch zu sprechen. Ich glaube, dass mit einem solchen Gefühl echte Fortschritte beim Sprachenlernen beginnen. Und weil man dieses Gefühl beim Erlernen der ersten Fremdsprache (bei mir war es Englisch) einfängt, weiß man, was einen bei der Aneignung der neuen Sprache erwartet. DU kannst also den gesamten Prozess einfach beschleunigen. Es ist wirklich ein fantastisches Gefühl!

Nach einer tollen Reise kam ich zurück nach Deutschland und sprach kein Chinesisch mehr. Ich hörte auf, die Sprache zu lernen und mit anderen Chinesen zu interagieren. Und in kurzer Zeit hatte ich fast jedes Wort vergessen.

Und dann wurde mir klar: Wenn man wirklich in etwas großartig sein will, dann muss man in den gesamten Prozess eintauchen und ihn in vollem Umfang leben. Es ist, als würde man schwimmen lernen. Du sollst ins Wasser gehen und anfangen schwimmen zu lernen, indem du es tust. Es wird dir nicht viel helfen, die ganze Zeit am Strand zu bleiben und zu warten, bis du schwimmen gelernt hast. Das Gleiche gilt für eine neue Sprache – ich konnte kein Chinesisch sprechen, bis ich mich entschied, in die chinesische Kultur einzutauchen, in der diese Sprache die ganze Zeit verwendet wurde, und es wurde für mich selbstverständlich.

Es gibt noch einige Eindrücke, die ich von meinen Geschäftsreisen mitgenommen habe und die mir helfen, im Ausland zu kommunizieren.

- Lächeln. Es ist das erste Zeichen der Freundschaft. Wenn du lächelst, öffnest du dein Herz für neue Kommunikation. Lächle mit deinen Augen und deinem Herzen.

- Sei ehrlich neugierig auf die Person. Du kannst mit der Frage „Woher kommst du?“ beginnen und hör einfach zu. Aktives Zuhören ist unerlässlich und dann beginnt definitiv ein großartiger Dialog. Wir haben zwei Ohren und nur einen Mund, um mehr zuzuhören und weniger zu sprechen.
- Gemeinsamkeiten finden: Das können Sport, Musik, Kinder oder Reisen sein. Es zeigte sich, dass Menschen dazu neigen, mehr mit anderen zu sprechen, die ihnen ähnlich sind oder gemeinsame Interessen oder Hobbys haben.
- Verwende deine nonverbale Sprache, um Gesprächsbereitschaft zu zeigen – offene Arme, eine ruhige Stimme und Lächeln.
- Der letzte, aber mein Lieblingstipp, der mir immer und überall hilft, ist, dass du die Person ansiehst und innerlich sagst: „Ich mag dich“ und es wird sich in deinen Augen, deiner Stimme und deiner Körpersprache widerspiegeln. Besonders Kinder können es sofort spüren. Und dies ist das Geheimnis für exzellente Kommunikation und eine dauerhafte Freundschaft.

Ich habe gelernt, dass man mit großer Motivation, einer optimalen Lernumgebung und ohne Angst sehr schnell eine neue Sprache lernen kann!

Liebe ist Handeln

„Du gewinnst immer, indem du Liebe gibst.“

— Reese Witherspoon

Es ist nicht neu, dass Kinder Liebe und Fürsorge brauchen. Aber Liebe ist ein aktiver und dynamischer Prozess. Es bleibt die Frage, wie wir uns verhalten sollen, um unsere Liebe auszudrücken und unseren Kindern das zu geben, was sie brauchen.

Ich war sehr beeindruckt, als ich das Buch „Die fünf Sprachen der Liebe – Wie Kommunikation in der Partnerschaft gelingt“ von Gary Chapman las. In diesem stellt er die wichtigsten Liebessprachen auf sehr einfache und verständliche Weise vor. Diese Sprachen sind Zweisamkeit, Zärtlichkeit, Anerkennung, Geschenke und Hilfsbereitschaft, die wir verwenden, um einander unsere Liebe auszudrücken. Er stellt fest, dass jeder von uns eine oder zwei dominante Sprachen hat, die wir am meisten verstehen und auch von unserem Ehepartner erwarten. Die Hauptprobleme und Missverständnisse in einer Beziehung beginnen, wenn zwei Menschen unterschiedliche Liebessprachen sprechen. Um das Problem zu lösen, ist es gut, zu wissen, dass es solche Liebessprachen gibt und wie man sie im Alltag anzuwenden lernt.

Aber kannst du dieses Wissen nutzen und in der Kommunikation mit deinem Kind anwenden? Kannst du auf diese Weise eure Bindungen stärken?

Ich war sehr neugierig und beschloss, diese Sprachen in meinen Alltag mit meinen Kindern zu integrieren. Ich wandte Liebessprachen entweder einzeln oder in Kombination an und beobachtete Verhaltensweisen und Veränderungen bei meinen Kindern. Ich konnte sehen, dass eine Sprache stärkere Wirkungen hatte als eine andere. Ich fand, dass unsere Zweisamkeit oder –anders ausgedrückt – die Qualitätszeit die mächtigste Sprache war, weil du hier den Kindern deine Zeit und volle Aufmerksamkeit schenkst. Du kannst ein Buch vorlesen, Spiele spielen, zeichnen, malen oder einfach nur spazieren gehen und gemeinsam die Natur genießen. Wenn ihr zusammen etwas Lustiges unternehmt und vergesst, dass Zeit existiert, dann teilt ihr definitiv eine schöne Zeit zusammen.

Zärtlichkeit und Anerkennung (zweite und dritte Sprache) sind ebenfalls wichtig. Hier musst du nicht viel Zeit investieren, sondern sollst diese ständig und täglich gewähren. Du kannst dein Kind umarmen, küssen und sagen, wie sehr du stolz auf es bist, bevor es in die Schule geht. Oder du kitzelst dein Kind, lachst mit ihm und sagst, wie fröhlich und lustig es ist. Alle Emotionen, die du mit deinem Kind teilst, ob gute oder schlechte, wird es mit seinen Freunden teilen. Manchmal sind Eltern überrascht, warum ihr Kind zu Hause gut, aber in der Schule gemein und unfreundlich ist. Wie ergeben sich solche dramatischen Veränderungen? Was Kinder daheim beobachten, kommt in der Regel in der Schule ans Licht. Ich denke, Eltern sollten sich ihres Verhaltens und ihrer Kommunikation zu Hause mit ihrem Kind sehr bewusst sein. Wenn du Liebe und Glück verbreiten möchtest, dann beginne, dies dort gegenüber deinem Kind zu tun.

Ein kleines Mädchen kam zu ihrer Oma und sagte: „Oma, du bist so schön!"

„Ach, mein Liebling", antwortete Oma ihrem kleinen Sonnenschein, „ich bin alt, aber du bist schön."

„Okay, lass uns beide schön sein!", bestand das Kind freundlich darauf.

Dieses kleine Mädchen war meine Tochter Carina, die zwei Jahre alt war und gerade angefangen hatte zu sprechen. Sie liebte Märchen, die ihre Oma ihr jeden Abend vor dem Schlafengehen vorlas oder erzählte. Die Oma war für Carina eine schöne Fee, die Geschenke machte und alle Wünsche erfüllte. Und das war ihre Liebessprache.

Die letzten beiden Liebessprachen – Geschenke und Hilfsbereitschaft – sind ebenfalls großartig, um Liebe auszudrücken. Ich denke jedoch, dass diese zwei eine hervorragende Ergänzung zu anderen oben erwähnten Liebessprachen bilden und nur in Kombination eine starke Wirkung entfalten.

Du kannst nicht aus einer leeren Tasse gießen. Der Liebesbecher sollte jeden Tag Tropfen für Tropfen gefüllt werden; nur dann entwickeln sich Harmonie und Frieden zwischen Eltern und ihren Kindern.

Lächeln, Umarmungen und Küsse

„Manchmal ist Ihre Freude die Quelle Ihres Lächelns, aber manchmal kann Ihr Lächeln die Quelle Ihrer Freude sein.“

— Thich Nhat Hanh

Im vorigen Kapitel haben wir Liebessprachen behandelt und wie wichtig sie für die normale Entwicklung deines Kindes sind. Eine dieser Sprachen war Zärtlichkeit. Lass uns darüber sprechen, warum Umarmungen und ein angenehmer Körperkontakt so stark sein und eine feste Bindung zwischen Eltern und ihren Kindern aufbauen können. Frage dich, was du normalerweise fühlst, wenn du jemanden umarmst. Bist du aufgeregt, glücklich, traurig oder suchst du einfach nur Trost und warme Gefühle? Das hängt natürlich von der Situation ab und kann entweder Gefühle wie im Glücksfall verstärken oder Schmerzen lindern, wenn man traurig ist.

Wissenschaftler behaupten, dass der Nutzen des Umarmens über dieses warme Gefühl und einen signifikanten Einfluss auf dein Kind hinausgeht. Wenn dein Kind mit etwas Schmerzhaftem, Unangenehmem zu tun hat oder einfach müde ist, umarme es. Umarmungen verringern Stress und geben deinem Kind die notwendige Unterstützung. Die Vermeidung oder Reduzierung von Stress durch Umarmungen hilft deinem Kind, gesund und stark zu bleiben.

Umarmungen und Küsse sind für mich die beste Medizin. Dazu gibt es einen Handlungsbefehl, um Licht und Glanz in mein Familienleben zu bringen: LÄCHELN – UMARMEN – KÜSSEN.

Wenn du diese Reihenfolge einhältst, wirst du zu Hause Magie erschaffen. Stell dir eine Situation vor, in der du kochst, wäschst und bügelst. Dein Kind ist von der Schule zurück. Was wird deine erste Reaktion sein? Was ist deine übliche Antwort? Und was kannst du anders gestalten, um das Beste aus dieser Situation zu machen?

Vielleicht ist dein Kind hungrig oder müde oder hatte einen schlechten Schultag. Auch wenn der Tag großartig und schön war, könnte deine Reaktion Stress abbauen und das Glück verstärken.

Wenn meine Tochter von der Schule zurückkommt, renne ich zur Tür, lächle, umarme und küsse sie. Es ist unser schönes kleines Ritual, das wir gemeinsam genießen, uns sofort gute Laune und Kommunikationsbereitschaft verschafft und unsere Bereitschaft stärkt, Eindrücke des Tages mit anderen zu teilen.

Lächeln, Umarmungen und Küsse sind vorteilhaft, um die Angst zu reduzieren. Ich erinnere mich, dass mein 4-jähriger Sohn von einer 3-Meter-Plattform springen musste, um seine Schwimmprüfung zu bestehen. Es war eine große Herausforderung für ihn; er wollte so viel, aber gleichzeitig konnte er nicht von der Plattform springen. Er war erschrocken, sah mich mit seinen großen Augen an und bat um Unterstützung. Ich schickte ihm mein großes, entspanntes Lächeln, meinen Luftkuss und flüsterte: „Du schaffst es!“ Und ein paar Sekunden später wirkte die Magie, er lächelte zurück, holte tief Luft und sprang von der Plattform ins Wasser. Ich werde dir nicht sagen, wie viele Umarmungen und Küsse mein Sohn nach diesem Sprung bekommen hat, aber wie ich weiß, konnten es nicht zu viele sein. Es ist wie Wasser in der Wüste, unverzichtbar für die Entwicklung deines Kindes.

Aber man könnte sagen, dass „viel“ keine Zahl ist und du hast Recht. Wie viele Umarmungen braucht dein Kind?

„Wir brauchen 5 Umarmungen pro Tag zum Überleben, 8 Umarmungen für die Erhaltung und 12 Umarmungen für das Wachstum“, stellte die Familientherapeutin Virginia Satir fest. Es scheint, dass viele Umarmungen besser sind als zu wenige. Das Gleiche gilt fürs Küssen. Und was ist mit einem Lächeln? Lächeln ist ein Lebensstil, eine ausgezeichnete Gewohnheit und ein tolles Geschenk, das wir miteinander teilen können.

Lass dein Lächeln die Welt verändern, aber lass dein Lächeln nicht von der Welt verändern!

Blumenschule

„Konzentriere dich auf deine Stärken, nicht auf deine Schwächen."

— Roy T. Bennett

Es war einmal eine Zauberschule, die verschiedene kleine Blumen wie Kakteen, Orchideen, Lavendel und Venusfliegenfallen besucht haben. Sie waren alle sehr fleißig und klug, obwohl manche Fächer in der Schule für den einen leichter und für den anderen schwieriger waren. Der Kaktus war wegen seiner scharfen Dornen und seiner dicken Haut der Beste im Selbstverteidigungsunterricht. Die Orchidee war im Kunst- und Handwerksunterricht für ihre Schönheit berühmt. Der Lavendel verbreitete den besten aller Düfte und war unter diesen bekannt für seinen scharfen Oberton, der ihn unvergesslich machte. Und die Venusfliegenfalle war der beste Jäger, sie fing Insekten und Spinnen wie keine andere. Alle Blumen waren einzigartig auf ihrem Gebiet, aber ihnen wurde beigebracht, in allen Fächern gut oder zumindest durchschnittlich zu sein, sich auf ihre Schwächen zu konzentrieren und sie zu verbessern.

Also beschloss der Kaktus, seine Dornen abzuschneiden, um so schön wie die Orchidee zu sein. Diese hingegen wollte so stark wie Kakteen sein und verbrachte nach der Schule mehr Zeit in Selbstverteidigungskursen als mit der Verbesserung ihrer künstlerischen und handwerklichen

Fähigkeiten. Die Venusfliegenfalle wollte lernen, den eigenen Geruch wie der Lavendel zu verbreiten, damit alle ihn genießen können. Und der Lavendel wollte jagen wie die Venus. Alle Blumen verbrachten jeden Tag nach der Schule damit, ihre Fähigkeiten zu verbessern, in denen sie unterdurchschnittlich waren. Aber selbst ihre stärksten Bemühungen brachten sehr schlechte Ergebnisse.

Es spielte keine Rolle, wie sehr sie sich anstrengten; sie konnten nicht einmal ein durchschnittliches Niveau erreichen, was sie sehr traurig machte. Sie konzentrierten sich auf ihre Schwächen und vergaßen ihre Stärken und dass sie auf ihrem Gebiet einzigartig und besonders waren.

Doch eines Tages fanden die Wettkämpfe in allen Fächern statt – Selbstverteidigung, Kunst und Handwerk, Parfümerie und Jagd. Alle Blumen hatten Gelegenheit, zu zeigen, was sie wirklich können und wie gut sie sind.

Es war offensichtlich, wer in welchem Bereich Talent hatte. Der Stärkste könnte gewinnen. Kleine Blumen freuten sich über ihre Trophäen; sie genossen ihren Erfolg und waren motiviert, sich permanent zu verbessern.

Sie beschlossen, sich darauf zu konzentrieren, das, was sie am besten konnten, weiterzuentwickeln und ihre Fähigkeiten in ihrem Lieblingsbereich zu stärken. Nur so konnten sie die Welt der Blumen bereichern und ihre ganze Schönheit in ihrer Vielfalt und Einzigartigkeit zeigen.

Jeder kann glücklich sein, nur indem er seine persönlichen Fähigkeiten verbessert und sich auf seine eigenen Stärken konzentriert!

Sei besser

„Das Ziel ist nicht, besser zu sein als der andere, sondern dein vorheriges Ich."

— Der Dalai Lama

Es gibt zwei Arten von Situationen, in denen wir über Kinder sprechen: Entweder treiben sie Sport oder nicht. Nehmen wir an, Sport ist positiv für die körperliche Entwicklung deines Kindes und es ist nicht zu beanstanden, dass Kinder Sport treiben sollten. Dann stellen sich viele andere Fragen. Welche Sportart ist gut für ihre Gesundheit? Wie oft pro Woche sollten Kinder Sport treiben? Können sie gleichzeitig verschiedene Sportarten ausüben, wie Schwimmen und Tanzen oder Tennis und Akrobatik? All diese Fragen habe ich mir gestellt, als wir überlegt haben, welchen Sport unsere Kinder machen sollen.

Als Kind habe ich viele Sportarten auf hohem Niveau betrieben und einige als Hobby. Wasserspringen und Klavierspielen waren meine Hauptbeschäftigungen, die ich jeden Tag mehrere Stunden lang praktizierte. Ich konnte mich diesen Aktivitäten widmen und großartige Ergebnisse erzielen. Skifahren, Laufen, Tanzen und Schauspielern (auf der Bühne stehen) sowie das Lernen neuer Sprachen waren meine Hobbies, die ich gerne hatte, aber nicht jeden Tag ausübte. Jetzt, wo ich erwachsen bin und mich weiterentwickle, kann ich den Unterschied zwischen den

Aktivitäten, bei welchen ich Profi, und solchen, in denen ich nur ein Amateur war, erkennen. Und natürlich sehe ich die größte Lücke oder Herausforderung für mich in den Aktivitäten, die ich noch nie zuvor ausprobiert habe, wie Tennis spielen oder Reiten. Jedoch gibt es auch einige Sportarten, die ich als Kind nie versucht habe, aber jetzt als Erwachsene verehre.

Ich mag Boxen jetzt sehr gerne, aber das war nicht der Fall, bevor ich mich darauf eingelassen habe. Früher dachte ich, dass Boxen nur etwas für Männer sei. Aber eines Tages wollte ich einen Body-Balance-Kurs besuchen, doch stattdessen nahm ich die falsche (wie ich damals dachte) Aktivität wahr, und diese schien Boxen zu sein. Nach dem Boxkurs fühlte ich mich indes entspannter, selbstbewusster und stärker als je zuvor. Es war eine große Überraschung für mich. Ich habe gelernt, dass Boxen nicht nur der Selbstverteidigung dient, sondern auch eine Selbstkontrolle, Körper- und Geistesdisziplin sowie Konzentrationstechnik ist. Ich besuchte weiterhin jede Woche das Box-Training und konnte nach sechs Monaten deutliche positive Veränderungen in meinem Körper wie auch in meinem Geist feststellen. Ich wurde viel stärker; meine Feinmotorik wurde verbessert; meine Reaktionszeiten wurden schneller und ich begann insgesamt eine bessere körperliche Koordination zu entwickeln. Außerdem erhöhte sich sowohl meine Ausdauer als auch mein Geist. Obwohl ich als Kind das Boxen nicht ausprobiert hatte, konnte ich mir viele für diese Sportart notwendigen Grundlagen mittels Wasserspringen und Schwimmen aneignen, die mir halfen, meine Fähigkeiten weiterzuentwickeln und schnell neue Elemente wie Schläge und Tritte zu lernen.

Ich glaube, dass Kinder, die viel Sport treiben, später anpassungsfähiger sind und schneller lernen können.

Letzte, aber nicht verloren

„Überzeugungen sind Entscheidungen. Zuerst wählst du deine Überzeugungen. Dann beeinflussen deine Überzeugungen deine Entscheidungen.“

— Roy T. Bennett

Wenn du zwei Möglichkeiten hättest, welche würdest du wählen? Der Letzte unter den Profis oder der Erste unter den Amateuren zu sein? Der Stärkste unter den Schwächsten oder der Schwächste unter den Stärksten?

Für mich war es sehr schwierig, die Antwort auf diese Fragen zu finden. Ich habe mein ganzes Leben damit verbracht, aus Erfahrungen zu lernen, wie man die richtigen Entscheidungen trifft. Als Kind ging ich nicht gerne zur Schule. Für mich war es ein Ort, an dem ich Tag für Tag überleben musste.

Wir hatten eine sehr wettbewerbsfähige Klasse; die stärkste der Schule, in welcher der Mathematikunterricht von Universitätsprofessoren gehalten wurde. Es sollte eine Ehre sein, dort zu studieren, aber nicht für mich. „Schatz, es ist besser, der Letzte unter den Stärksten als der Erste unter den Schwächsten zu sein“, sagte meine Mutter. Natürlich wollte sie nur das Beste für mich, und das war ihre Art, mich zu motivieren und meine Grenzen zu testen. „Aber stimmt das wirklich?“, fragte ich mich und meine innere Stimme flüsterte mir zu: „Was dich nicht umbringt, macht dich stärker." Diese Idee gefiel mir und ich ging mit mehr Enthusiasmus weiter zur Schule, da ich verstand, dass ich nicht etwas mögen muss, um die Beste zu sein. Durch Disziplin und Kreativität habe ich meine eigene Strategie entwickelt und gelernt, meine Ziele zu erreichen.

Zehn Jahre später bin ich selber die Mutter geworden und ich war an der Reihe, meine Erfahrungen mit meiner Tochter zu teilen. Normalerweise reflektieren und teilen wir als Eltern meist die Erfahrungen, die wir mit unseren Eltern gemacht haben.

Ich habe immer gehofft, dass meine Tochter eine erfolgreiche Gymnastin werden könnte. Im Alter von 5 Jahren begann sie mit dem Training und zwei Jahre später wurde sie in die Wettkampfgruppe aufgenommen. Mein Mann und ich haben uns so für unsere Tochter gefreut, aber es schien, als ob sie nicht so glücklich war. Der Druck nahm zu und ihre Freude definitiv ab.

Eines Tages kam meine Tochter zu mir, sah mich traurig an und bat um eine Minute zum Reden. Ich konnte sehen, dass sie sich Sorgen machte und meinen Rat oder meine Unterstützung benötigte. „Mama, ich möchte meinen Gymnastikunterricht genießen, aber ich kann es nicht. Ich spüre Druck und ich bin nicht gut genug, um Teil unserer Wettbewerbsgruppe zu sein", sagte mein kleiner Sonnenschein. Ich wollte meine Tochter motivieren:

„Liebling, es ist okay, du bist trotzdem unter Profis." Es war meine Antwort – eine nicht sehr hilfreiche, wie ich später verstand. Was dachte ich, wenn ich „unter Profis" sagte? Bedeutet es, dass das Erreichen des Ziels wichtiger ist, als den Weg zu genießen? Gibt es dir wirklich Energie und Selbstvertrauen, wenn du unter hohem Druck arbeitest oder trainierst? Würde dein Selbstwertgefühl wachsen? Eigentlich nicht.

Traurig zu sagen, aber es hat einige Zeit gedauert (genauer gesagt ein Jahr), bis ich verstanden und gelernt habe, dass jede Situation eine individuelle Lösung braucht. Zum Glück und dank unserer tollen Trainerin, die uns bei jedem Schritt unterstützt hat, wechselte unsere Tochter in die Amateurturngruppe. Sie nahm weiterhin an allen Wettbewerben teil und gewann viele Preise. Dann fing sie wieder an, ihr Training zu lieben, und ich war überrascht zu sehen, wie glücklich sie dorthin ging und hart an ihren neuen gymnastischen Elementen arbeitete. Sie wurde viel besser als früher in einer Wettkampfgruppe und es war erstaunlich, zu sehen, dass dies die Lösung für ihr Glück und weiteres Wachstum war.

Aus solchen Lektionen fürs Leben (ich würde sie nicht als Misserfolge bezeichnen, denn das waren sie nicht) lernt man tatsächlich viel. Es spielt keine Rolle, ob du zu den Stärksten oder Schwächsten gehörst; was wirklich zählt, ist, wie du dich selbst fühlst. Das ist deine Wahl und du hast die

Kontrolle darüber. Entscheide dich dafür, ein Gewinner zu werden, und du wirst es definitiv eines Tages sein!

Bevor ich Kinder bekam, hatte ich mehrere Theorien, wie man sie erzieht – wie ich erzogen wurde (streng und mit Disziplin), wie ich erzogen werden wollte (mit viel Spaß und Freude) und etwas dazwischen (Disziplin und Spaß zusammen). Jetzt habe ich drei Kinder und keine Theorien, sondern nur drei Regeln oder Ratschläge zu befolgen:

- **Sei heute besser als gestern.** Schritt für Schritt erreichst du deine Ziele.
- **Konkurriere nur mit dir selbst.** Das Leben ist ein Wettbewerb, aber kein Wettkampf gegen irgendjemand anderen. Stattdessen geht die wahre Reise nur gegen dich selbst und gegen dein nicht realisiertes Potenzial. Der wichtigste Teil des Wettbewerbs gegen sich selbst ist die Fähigkeit, sich eigene Ziele zu setzen und eigene Träume zu haben. Wie Napoleon Hill sagte: „Wenn du keine großen Dinge tun kannst, tue kleine Dinge auf großartige Weise."
- **Genieße, was du tust.** Freude und Glück sind die Hauptfaktoren, die dich aus dem Bett treiben, wenn alle schlafen, und dir die Energie geben, hart zu arbeiten und deine Ziele zu erreichen.

Denk daran, dass der Erfolg nur ein schöner Nebeneffekt des ständig wachsenden Prozesses ist!

Konkurriere nur mit dir selbst

„Du kannst nicht zurückgehen und den Anfang ändern, aber du kannst dort anfangen, wo du bist, und das Ende ändern."

— C. S. Lewis

Erinnerst du dich an deine größten Überraschungen? Wann hast du Erleichterung verspürt? Welche Überraschungen können dich begeistern? Und welche von ihnen bringen einige Lektionen fürs Leben mit sich?

Eine Geschichte hat mich sehr berührt, da es in dieser um meine kleine Tochter geht, die eine Leidenschaft für Rhythmische Sportgymnastik hat und sehr gut darin ist. Die meisten ihrer Wettbewerbe bringen ihr Trophäen und Medaillen, aber auch einige Lektionen, die sie lernen muss. Sie hat erfahren, wie man performt, sich präsentiert und jede Bewegung in seinem Tanz genießt, damit das Publikum und die Jury es auch spüren können. Aber es gab einige Lektionen, die sie entweder traurig und unsicher machten oder stärker und motivierter als je zuvor.

Der Tag ihres Wettkampfs kam ganz normal wie immer. Es begann mit der üblichen Morgenroutine, gefolgt von ihrer Vorbereitung nach dem Aufwärmen und dem letzten Durchlaufen sämtlicher Elemente, bevor es zum Start ging. Alles verlief reibungslos und Carinas erster Tanz war einfach perfekt. Sicher, sie hatte auf den besten Platz gehofft. Ihre Ambitionen beeindrucken mich sehr, machen mir aber auch teilweise Sorgen. Ich sehe ihren Ehrgeiz, zu gewinnen, aber auch ihren Schmerz und ihre Traurigkeit, wenn sie es nicht tut. Vor jedem Wettkampf sage ich ihr, wie wichtig es ist, bis zum Ende zu kämpfen. Auch mein Mann, der ein guter Tennisspieler ist, erzählte Carina von seinen eigenen Misserfolgen und welch große Bedeutung es hat, um jeden Ball und um jedes einzelne Ergebnis zu kämpfen und alles andere zu vergessen.

Der zweite und letzte Tanz von Carina begann. Es war eine Aufführung mit einem Ball.

Sie fing wie immer super an, führte einige Elemente aus, doch plötzlich verlor sie das Gleichgewicht und fiel auf den Boden. Sie verlor ihren Ball und stürzte ein weiteres Mal, als sie ihn zu fangen versuchte. Ich schloss für eine Sekunde meine Augen, strengte mich an, meine Emotionen zu unterdrücken und ruhig zu bleiben, aber innerlich hatte ich Angst und machte mir Sorgen um meine Tochter. „Was wird sie als Nächstes tun? Wird sie ihren Auftritt unterbrechen oder einfach weitermachen? Wird sie ihre Emotionen zeigen oder wird sie es schaffen, sie zu verbergen?"

All diese Gedanken flogen durch meinen Kopf. Ich sah meine Tochter an und lächelte kurz. Endlich bekam sie ihren Ball zu fassen, zauberte ein Lächeln auf ihr Gesicht und fuhr fort. Das Publikum war erstaunt über die bemerkenswerte

Verwandlung, die sie in Sekundenschnelle von einem vernarbten kleinen Mädchen zu einer mutigen, selbstbewussten und schönen Ballerina vollzog. Sie konnte ihre Leistung am besten zeigen und alle Elemente auf hohem Niveau erfüllen. Sie konnte sich „auf jeden Ball konzentrieren“ und ganz bei der Sache sein.

Als sie ihre Vorstellung beendete, applaudierte ihr das Publikum mit stehenden Ovationen. Ich konnte meine Tränen kaum zurückhalten. Carina lächelte wie immer und verließ stolz den Teppich. Ich rannte zu ihr, um sie zu unterstützen. Ich konnte spüren, dass sie tief in ihrem Inneren ein wenig enttäuscht war, und war bereit, sie zu trösten.

Ich ging in die Umkleidekabine, wo meine Tochter allein mit Tränen im Gesicht saß. Ich nahm sie in meine Arme und sagte ihr, wie stolz ich war. Sie sah mich mit tränenerfüllten Augen an und meinte, dass sie ihre Chance heute nicht nutzen konnte, um ihre besten Leistungen zu zeigen. „Mama, ich habe verloren. Ich wollte unbedingt gewinnen, aber ich bin hingefallen.“

„Schatz, du hast mich sehr beeindruckt und ich bin so stolz auf dich!“, sagte ich leise und küsste meine Tochter. „Warum, Mama? Ich habe gerade meinen Ball verloren!“, entgegnete Carina. „Weil du es schaffen konntest, das Beste aus der aktuellen Situation herauszuholen.“ Ich erklärte ihr, wie wichtig es sei, professionell zu sein, niemals aufzugeben und bis zum Ende zu kämpfen. Und all diese Dinge habe sie sehr gut gemacht. „Um hier noch eine Lektion zu lernen“, fuhr ich fort, „zeige niemals deine Enttäuschung, selbst wenn du es wirklich bist; lächele weiter und schätze das, was du bekommst. Wir alle haben unsere Höhen und Tiefen. Zu wissen, wie man gewinnt, ist großartig, aber man sollte auch lernen, wie man verliert – stolz, mit erhobenem Kopf und mit einem Lächeln im Gesicht zu verlieren – nur dann ist man ein echter Gewinner.“ Ich konnte sehen, dass Carina immer noch etwas beunruhigte. „Mama, aber wenn ich heute den letzten Platz bekomme?“

„Wir alle werden stolz auf dich sein für deine Einstellung und Teilnahme“, antwortete ich. Ich erklärte ihr, wie bedeutsam es sei, jeden Platz, den sie bekäme, zu schätzen, denn schließlich sei die Teilnahme und nicht der Sieg bei allen Wettbewerben entscheidend.

Carina gab mir einen Kuss und rannte zu ihren Freundinnen. Ich konnte spüren, dass mein Gespräch mit ihr für uns beide hilfreich war.

Nun war es Zeit für die Siegerehrung. Bei der Gymnastik beginnen sie mit dieser normalerweise mit dem letzten Platz. Ich wartete auf Carinas Namen, aber es war nicht der Fall. Vom achten Platz bis zum dritten fortschreitend, wurde ihr Name immer noch nicht bekannt gegeben. Ich war überrascht, als ich den Nachnamen von Carina hörte, als dieser verkündet wurde. Sie hatte den ersten Platz errungen.

Toll! Ich sah Carina an und sie konnte es auch nicht glauben. Sie war glücklich, sehr glücklich.

Wir waren alle sehr überrascht von ihrem ersten Platz. Es schien, dass selbst einige Fehler, wie dieser Sturz, nicht so dramatisch waren, da sie schwierige Elemente in ihrem Tanz hatte, ihr Endergebnis daher sehr hoch war und somit ausreichend für den ersten Platz. „Mama, das war die größte Überraschung für mich“, sagte Carina nach der Siegerehrung. „Ich hatte erwartet, die Letzte zu sein, wurde aber die Erste!“ Ich lächelte, weil es mir genauso ging. Ich war dankbar für das Ergebnis, aber noch mehr für die Lektionen, die wir lernen konnten.

Gib niemals auf! Lächle! Und schätze das, was du bekommst!

Manche Leute beschweren sich, dass Rosen Dornen besitzen. Ich freue mich, dass diese Blumen Blüten haben.

Stress ist gut

„Manchmal ist das Produktivste, was man tun kann, sich zu entspannen.“

– Mark Black

Weißt du, wie du deine Emotionen unter Kontrolle halten kannst? Wie bleibt man in Stresssituationen ruhig und entspannt? Studien belegen, dass 90 % der Top-Performer in Stresszeiten ihre Emotionen beherrschen können, um die Kontrolle zu behalten. Und es zeigt sich auch, dass die Fähigkeit, Emotionen zu managen und unter Druck ruhig zu bleiben, einen direkten Einfluss auf die Erfolgsleistung im Beruf und im Alltag hat.

Stress ist für mich ein bewegender Faktor. Erinnerst du dich, wie du dich normalerweise fühlst, wenn du etwas Aufregendes zu tun hast – dein erstes Date, dein erster Auftritt auf der Bühne, deinen besten Freund nach langer Zeit zu treffen oder ein neues Auto zu kaufen? Aufregung und Stress sind physiologisch fast die gleichen Prozesse. Wenn du für kurze Zeit gestresst bist, ist das für dein Gehirn fast dasselbe wie aufgeregt zu sein. Weißt du, wie du deine Sorgen in Aufregung verwandeln kannst? Lass mich eine Geschichte aus meiner Erfahrung als Mutter mit dir teilen.

Eines Tages kam meine Tochter zu mir und fragte: „Mama, was machst du, wenn du Angst oder Sorgen hast?“

„Mein Liebling, manchmal ist es normal, Angst zu haben, denn es ist eine schützende Reaktion unseres Körpers auf die Umgebung um uns herum“, erklärte ich meiner Tochter. „Natürlich“, fuhr ich fort, „es hängt viel von uns und unserem Verhalten ab, denn Motivationen erzeugen Emotionen.“ Ich erzählte meiner Tochter eine Geschichte über ein kleines Mädchen, das in einen Wald spazieren ging. Es wurde dunkel und fing an zu regnen; nach dem Blitz folgte der Donner. Die Mutter, die zu Hause auf ihre Tochter wartete, machte sich Sorgen. Sie rannte in den Wald, um nach ihr zu suchen, und was sie dort fand, war für sie sehr überraschend. Ihr kleines Mädchen hatte keine Angst, wie ihre Mutter dachte, sondern war entspannt und gut gelaunt. Jedes Mal, wenn der Blitz kam, blieb sie stehen, sah in den Himmel und lächelte. Nicht zu glauben! Die Mutter umarmte ihre Tochter und fragte sie: „Schatz, hast du keine Angst vor dem Blitz?“

„Warum sollte ich?“, fragte das kleine Mädchen: „Gott macht nur Fotos von mir!“

Meine kleine Tochter war beeindruckt von dieser Geschichte. „Mama!“, sagte sie: „Ich möchte dieses kleine tapfere Mädchen sein!“

Wenn du deine Sorgen in Aufregung verwandelst und ein gutes Gefühl für die aktuelle Situation bekommen möchtest, ändere einfach dein Denken über die gesamte Lage oder deinen Standpunkt. Frage dich, was das *Worst-*

Case-Szenario wäre, wenn du scheitern würdest; dann mach eine lustige Geschichte daraus.

Ergreife einige Maßnahmen, um dich selbst zu energetisieren – **Bewegungen erzeugen Emotionen!**

Aber was tun, wenn sich herausstellt, dass der Stress deine Erwartungen übertrifft? Es gibt einige Strategien, denen du folgen kannst. Beginne zunächst mit einer Wertschätzung. Sei dankbar für das, was du hast. Hör auf zu fragen „Was wäre, wenn?“, denn normalerweise passieren nur etwa 10 % von dem, was wir uns wirklich vorstellen können. Also hör auf, negativ zu denken, und bleib positiv. Wenn du dein Denken nicht ändern kannst, ändere dein Verhalten und dein Handeln. Und genau diese Reihenfolge funktioniert sehr gut – **Handeln, Verhalten und Denken**. Wenn ich zum Beispiel im Stress bin, werde ich aktiv und gehe joggen. Das bringt gute Laune und automatisch wird mein Denken positiver. Und mit einer solchen Einstellung neigen wir dazu, nach Lösungen zu suchen, anstatt nur über die Probleme zu sprechen.

Darüber hinaus ist es auch sehr hilfreich, sich für einige Zeit von den sozialen Netzwerken zu trennen. Schalte dein Handy aus und sei einfach allein. Achte darauf, deinen Koffeinkonsum zu begrenzen und ausreichend zu schlafen. Und was ganz wichtig ist: zu atmen. Wenn wir Stress haben, vergessen wir zu atmen, aber die Atmung ist die grundlegendste körperliche Aktivität und steht in direktem

Zusammenhang mit dem Nervensystem. Die Atmung kannst du bewusst steuern und alle anderen Funktionen in deinem Körper beeinflussen!

Ein weiterer wesentlicher Punkt besteht darin, um Hilfe und Unterstützung zu bitten. Manchmal vergessen die Leute es und versuchen, alle Probleme selbst zu lösen, was schwierig oder vielleicht gar nicht möglich ist. Erlaube deiner Umgebung, dir zu helfen, wenn du Hilfe brauchst. Frage und du wirst sie definitiv bekommen.

Dein Körper

„Du kannst nicht kontrollieren, was draußen vor sich geht, aber du KANNST kontrollieren, was drinnen passiert."

– Unbekannt

Was haben eine chemische Röhre und ein menschlicher Körper gemeinsam?

A. Form

B. Größe

C. Zusammensetzung.

Ich bin eine Wissenschaftlerin und werde dir in diesem Kapitel die Wahrheit über deinen Körper erzählen. Ich habe die letzten zwanzig Jahre der Wissenschaft gewidmet und im Labor verschiedene Reaktionen gelernt, und ebenso solche, die in unserem Körper ablaufen. Ich habe viele Ähnlichkeiten zwischen beiden erkannt. Im Labor verlaufen viele Reaktionen im Wasser, wenn wir verschiedene Verbindungen kombinieren.

Eine Lauge und eine Säure reagieren zu einem Salz und Wasser. In deinem Körper laufen die gleichen Reaktionen ab: Proteine werden zu Aminosäuren abgebaut oder neue Aminosäuren bauen komplexe Enzyme auf. Dein Körper umfasst eine Vielzahl von chemischen Reaktionen.

Lass uns einen Blick darauf werfen, wie sie dein Verhalten beeinflussen können, oder mit anderen Worten formuliert, wie dein Verhalten von Chemikalien abhängen kann, die in deinem Körper produziert werden.

Wenn wir Angst haben, werden Stresshormone wie Cortisol und Adrenalin produziert und ausgeschüttet. Wenn wir aufgeregt oder fröhlich sind, werden auch Glückshormone wie Dopamin und Endorphine ausgeschüttet und beeinflussen unser Verhalten.

Hier scheint es also keinen Unterschied zwischen einer Reaktion in einem Reaktionsgefäß und einem menschlichen Körper zu geben. Dies ist jedoch nicht wahr. Abgesehen von Ähnlichkeiten GIBT ES EINEN UNTERSCHIED.

Die Reaktionen in einem Reaktionsgefäß verlaufen spontan, aber diejenigen in deinem Körper können kontrolliert werden. Klar, wir alle wollen gute Reaktionen erleben – Glück, Freude, Zufriedenheit und mehr. Aber was tun, wenn dies nicht der Fall ist? Stell dir vor, du wachst morgens auf und der Tag beginnt anders als erwartet – du bist zu spät erwacht, standest im Stau, bist zu spät zur Arbeit gekommen, hast einen wichtigen Termin wegen zu wenig Zeit verpasst und so weiter. In einer solchen Situation beginnt dein Körper, Adrenalin zu produzieren, und wenn der Stress länger dauert, wird der nächste Spieler Cortisol sein. Obwohl Cortisol gut für die Aktivierung überlebensnotwendiger Mechanismen ist, kann es, wenn es über einen längeren Zeitraum produziert wird, zu verschiedenen pathologischen Prozessen führen.

Nun stellt sich dir die Frage, wie man ein solches Szenario vermeiden kann.

Die Antwort ist, auf positive chemische Reaktionen umzuschalten.

Wie ist dies möglich?

Die magische Lösung ist TEA (aus dem Englischen für Tee). Stell dir eine Teezeremonie vor, bei der du ruhig sitzt, deinen Lieblingstee trinkst und jeden Schluck davon genießt. Kannst du dir das Bild vorstellen? Wenn ja, bist du bereits auf dem richtigen Weg. TEA steht hier aber auch für *Think*, *Eat* and *Act* (denken, essen und handeln). Du hast vielleicht gehört, dass wir das sind, was wir essen, aber was noch wichtiger ist: Wir sind das, was wir denken. Wir haben bereits über die Macht der Worte und der Vorstellungskraft gesprochen. Achte auf deine Gedanken und wie du mit dir selbst sprichst. Du bist dein bester Freund – pass auf dich auf.

Positive Emotionen kommen auch von der Nahrung, die wir essen. Nimm nur ein bisschen dunkle Schokolade, schließ die Augen und genieße den Moment. Schon nach wenigen Minuten wirst du Freude und Vergnügen verspüren.

Und natürlich werden die meisten Glückshormone nach körperlichen Übungen ausgeschüttet; du kannst tanzen, gehen, joggen oder schwimmen. Nach einer solchen Aktivität spürst du eine Anspannung in deinen Muskeln, aber dein Kopf wird frei sein. Du bist körperlich müde, aber geistig aufgerichtet.

Wir sind, wer wir sind, und im Gegensatz zu einem chemischen Reaktionsgefäß können wir vergleichbare Abläufe in unserem Körper verändern!

Wie wichtig ist deine Vorstellungskraft?

„Vorstellungskraft ist wichtiger als Wissen.“

– Albert Einstein

Eine starke Vorstellungskraft ist eine wunderbare und unverzichtbare Fähigkeit, die man haben und weiterentwickeln kann. Laut verschiedenen neurowissenschaftlichen Studien umfasst die Vorstellungskraft mehr als einen Sektor des Gehirns, wodurch ein miteinander verbundenes Aktivitätennetzwerk über viele verschiedene Bereiche hinweg entsteht. Vorstellungskraft erhellt unser Gehirn!

Alle Kinder werden mit einer aktiven Vorstellungskraft geboren. Sie leben in einer Fantasiewelt und besitzen eine großartige und kraftvolle Visualisierung. Wenn ich also mit meinen Kindern spreche und möchte, dass sie mir zuhören und vor allem meine Botschaft verstehen, erzähle ich Geschichten.

Ich erinnere mich, dass wir eines Tages über Persönlichkeitsentwicklung sprachen und wie wichtig es sei, gute Eigenschaften und positive Gewohnheiten zu entwickeln. „Wisst ihr“, sagte ich zu meinen Liebsten, „dass in uns allen zwei Wölfe leben und kämpfen. Ein Wolf steht für Liebe, Glück, Freude, Freundlichkeit und alle anderen positiven Eigenschaften. Der zweite steht für Hass,

Unhöflichkeit, Eifersucht, Gier und andere schlechte Charakterzüge. Was denkt ihr, wer gewinnt?“ fragte ich.

Die Kinder sahen mich mit weit geöffneten Augen an und warteten auf meine Antwort.

„Der Wolf gewinnt, den du fütterst!“, erklärte ich. Den Kindern gefiel es. Ich musste die Geschichte nicht einmal erklären.

Aber am nächsten Tag war ich nicht gut gelaunt (was eigentlich eher die Ausnahme als die Regel ist) und begann meinen Kindern lautstark meine Enttäuschung darüber zu vermitteln, dass sie ihr Zimmer nach dem Spielen nicht aufgeräumt haben. Mein kleiner Sohn Robert, der sechs Jahre alt war, kam zu mir und sagte: „Mama, welchen Wolf fütterst du jetzt?“ Ich war erstaunt. Mein Sohn verstand diese Geschichte und nahm meine Botschaft sehr ernst, bevor ich das überhaupt realisieren konnte. Für ihn war klar, dass es nur einen Wolf gibt, den man füttern sollte, und zwar den guten.

Kinder haben eine große Fähigkeit, ihre Vorstellungskraft zu entwickeln, aber wenn sie älter werden, können sie diese Begabung verlieren. Der Grund dafür ist, dass **wir verlieren, was wir nicht verwenden**. Die gute Nachricht lautet, dass **die Vorstellungskraft in jedem Alter entwickelt werden kann**. Es gibt einige wirksame Methoden, das Denken im ganzen Gehirn zu aktivieren. Dazu gehören kreative Vorstellungskraft, freudiges Arbeiten und belebendes Spiel. In den nächsten Kapiteln werden wir diskutieren, warum die kreative Vorstellungskraft wichtig ist, wo du sie einsetzen und wie du sie üben kannst.

Kreativer Zustand deines Geistes

„Alles, was man sich vorstellen kann, ist real."

– Pablo Picasso

Wenn du aktiv wach bist, befindest du dich normalerweise in einem „Beta-Zustand" im Frequenzbereich von 14 bis 30 Hz. Wenn sich deine Gehirnwellenaktivität auf 7 bis 14 Hz verlangsamt, befindst du dich in einem „Alpha-Zustand", den Wissenschaftler mit der Aktivität der „rechten Gehirnhälfte" oder unserer Fähigkeit zur Vorstellungskraft, Kreativität, Erinnerung und Intuition assoziieren. Er gilt als „entspannter" Geisteszustand, der es dir ermöglicht, kreativer und offener zu sein.

Wie kommt man in einen solchen Alpha-Geisteszustand? Und wodurch gelingt mir das?

Ich werde mit dir eine Geschichte aus meiner Kindheit teilen. Als ich 15 Jahre alt war, kochte ich eines Tages für mich zu Hause. Aus Versehen habe ich eine Glasflasche auf den Boden fallen lassen. Das zerbrochene Glas zersplitterte in der ganzen Küche. Ich begann aufzuräumen und rannte in ein Stück Glas; ein Splitter schnitt mir tief in die Handfläche; es war schwer, die Blutung zu stoppen. Meine Eltern brachten mich ins Krankenhaus. Die Ärzte untersuchten meine Hand und sagten, dass sie dringend genäht werden sollte. Das einzige Problem war, dass es im Krankenhaus weder Schmerzmittel noch Anästhesie gab (in den 90er Jahren war dies in der Ukraine eine übliche Situation).

Daher empfahl uns der Arzt, in ein anderes Krankenhaus zu gehen. Mein Vater bestand jedoch trotzdem auf einer Operation, nachdem er den Arzt überzeugt hatte, dass ich keine Anästhesie brauchen würde, weil ich es alleine machen könnte. Hier kamen meine Fähigkeiten zum Tragen. Ich habe EINE METHODE verwendet, um den Arm zu betäuben und ihn während der Operation nicht zu spüren. Es hat sehr gut funktioniert. Der Arzt war überrascht. Er hat mich die ganze Zeit gefragt, ob es mir gut gehe. Später gab er zu, dass er in seiner gesamten beruflichen Praxis so etwas noch nie gesehen habe. Die Operation verlief reibungslos und war sehr erfolgreich. Meine Hand heilte in nur zwei Wochen, aber diese Erfahrung blieb. Mir wurde klar, dass DIESE Methode überall funktioniert – beim Erlernen neuer Aktivitäten (Sprachen, Musikinstrumente), im Sport (um Spitzenergebnisse zu erzielen) und für die Gesundheit (zur Aktivierung der inneren Kraft).

Was für eine Methode ist das? Dies ist die Silva-Methode von Jose Silva, die den einfachsten und effizientesten Weg bietet, den Alpha-Zustand zu erreichen. Wie funktioniert sie? Du kannst einfach deine Augen schließen und von 100 bis 1 rückwärts zählen, indem du dir jede einzelne Zahl in deinem Kopf vorstellst. Wenn du 1 erreichst, richte deine ganze Aufmerksamkeit auf das Bild (dieses ist eine Darstellung deines Traums oder von dem, was du erreichen möchtest). Die Visualisierung deines Traums sollte blitzschnell und hell wie eine Sonne sein. Zähle danach einfach weiter bis 5, konzentriere dich auf Entspannung und Atmung.

Wenn du diese Methode einen Monat lang täglich übst, wirst du sowohl deine Fortschritte sehen als auch die Möglichkeiten, wie du die Methode in verschiedenen Bereichen deines Lebens anwenden kannst. Normalerweise empfehle ich, sie einen Monat lang zu üben, indem man von 100 zurück auf 1 und weiter bis 5 zählt (100 bis 1 bis 5). Im nächsten Monat kannst du bereits mit 75 bis 1 bis 5 beginnen, dann mit 50 bis 1 bis 5 und in einigen Monaten bist du in der Lage, deinen kreativen Alpha-Zustand nach nur 15 Sekunden durch Zählen von 10 bis 1 bis 5 erreichen.

Dies funktioniert sehr gut in einer dringenden Situation, in der du deinen Geist sehr schnell aktivieren solltest. Das hat mir während dieser Operation und in vielen anderen kritischen Lebenssituationen geholfen.

Bio-Uhr

„Eine Uhr ist eine kleine Maschine, die uns vom Wunder der Zeit ausschließt.“

– Susan Glaspell

Kennst du das schlimmste Gerät, das wir in unserem Alltag benutzen?

Vielleicht kannst du an vieles denken. Ein großer Feind für uns, unser Gehirn und unseren emotionalen Zustand ist jedoch ein Wecker.

Warum?

Ganz einfach: Im Schlaf finden viele Prozesse statt, angefangen von der Erholung und dem Sammeln der Energie über das Sortieren und Analysieren neuer Informationen bis hin zum Aufbau des Langzeitgedächtnisses. Wenn morgens der Wecker klingelt, ist das eine große Belastung für unseren schlafenden Körper; du kannst es mit dem Ausschalten des Computers vergleichen, ohne alle Programme ordnungsgemäß herunterzufahren. Einige Programme können beschädigt werden; manche gehen einfach verloren oder bleiben unvollendet.

Aber wenn du deinen inneren Bio-Alarm aktivierst, kannst du alle unnötigen Probleme vermeiden, denn dein Körper und Geist sind bereit, geweckt zu werden. Du wirst nach dem Schlafen mehr Kraft und Energie spüren und dein

Körper ist sofort einsatzbereit. Deine Emotionen werden positiv sein und deine Kreativität wird sich auf einem hohen Niveau befinden.

Wie kannst du deine Bio-Uhr aktivieren? Dafür ist nur eine neue Fähigkeit zu erlernen. So wie du dir jeden Abend vor dem Schlafengehen die Zähne putzst, trainierst du einfach eine kurze Übung, die nur wenige Minuten dauert.

Wenn du in deinem Bett liegst, schließe die Augen und prüfe, ob dein Körper entspannt ist. Verteile deine Hände mit den Handflächen nach oben entlang deines Körpers. Nimm ein paar tiefe Atemzüge und beginne zu zählen; zähle von 25 zurück und stelle dir jede Zahl vor, die du passierst. Wenn du Nummer 1 erreichst, halte für ein paar Sekunden inne und stell dir eine Zeit vor, zu der du aufwachen möchtest. Wenn du zum Beispiel um 6 Uhr morgens aufwachen willst, solltest du dir eine Uhr mit 6 Uhr vorstellen und dein großartiges Gefühl, um 6 Uhr morgens geweckt zu werden. Nachdem du ein solches Bild in deinem Kopf erstellt hast, zähle langsam bis 5 und konzentriere dich auf deine Atmung. Dies ist das Letzte, was du vor dem Einschlafen tun solltest. Mach diese kleine Übung jede Nacht und schon nach wenigen Wochen wirst du den Unterschied sehen und deine Bio-Uhr wird immer präziser werden.

Probiere es aus und du wirst erstaunt sein, wie großartig es sein kann, deine Aufstehgewohnheiten unter

Kontrolle zu haben sowie die Kraft und Energie zu Beginn eines jeden Tages zu spüren.

Buch der Träume

„Die Welt der Realität hat ihre Grenzen; die Welt der Fantasie ist grenzenlos.“

– Jean-Jacques Rousseau

Als ich 15 Jahre alt war, hörte ich zum ersten Mal von einem Traumbuch. Alles begann mit einem Dokumentarfilm über Jackie Chan. Er war meine Inspiration und mein Vorbild. Er teilte seine Erfolgsgeheimnisse und, was noch wichtiger war, den Weg und die Anweisungen, die man befolgen sollte. Ich kannte damals schon die Kraft der Träume, das Gesetz der Anziehung und Techniken der Visualisierung. Etwas zu wissen und dieses Wissen anzuwenden sind jedoch zwei verschiedene Dinge. Ich habe es bis zu diesem Moment nicht angewendet. Vielleicht war ich nicht ganz überzeugt, oder vielleicht brauchte ich ein Idol, um mir zu zeigen, dass alles möglich ist, und Jackie Chan war diese Person. Ich liebte seine Filme, und als ich hörte, dass er ein Vision Board mit all seinen Träumen hatte und noch dazu einen Raum voller Poster mit denjenigen, die ihn motivierten und inspirierten, war ich erstaunt. Ich wusste, was ich wollte und beschloss sofort damit anzufangen.

Der beste Weg, an deinem Traumbuch zu arbeiten, besteht darin, einfach irgendwo hinzugehen, wo du ganz allein bist, nah an der Natur und wo du Zeit zum Nachdenken hast. Da ich erst 15 Jahre alt war, konnte ich nicht alleine sein, aber ich war froh, meinen Vater bei mir zu haben, der mein Mentor war und ist. Er ist dieser Mensch, der mich aus meiner Komfortzone bringt, mir neue Herausforderungen zeigt und mich an meine großen Träume erinnert. Er kannte meine Grenzen, auch wenn ich Zweifel hatte.

Es war unser Sommerurlaub, den wir gemeinsam in einem Dorf fernab von Zivilisation, Hektik und Alltagsstress verbringen konnten. Normalerweise kamen meine Mutter und mein Bruder mit, aber dieser Sommer war eine Ausnahme; meine Mutter musste arbeiten und mein Bruder, der drei Jahre älter ist, war nach Amerika gegangen, um als Trainer in einem amerikanischen Camp zu arbeiten. In diesem Sommer waren wir nur zu zweit, mein Vater und ich.

Wir machten viele verrückte Sachen zusammen, wie jeden Morgen vor Sonnenaufgang zu joggen, über den See zu schwimmen, bis zum Sonnenuntergang zu angeln und im Wald nach Pilzen zu suchen. Mein Traum als aktiver Teenager war jedoch, nach Amerika zu gehen, Hollywood zu besuchen, aus meiner Heimat auszubrechen und die Welt zu erobern. Ich war neidisch, dass mein Bruder meine Träume leben konnte und ich noch mindestens die nächsten drei Jahre warten musste, um meine Ziele zu erreichen. Der Gedanke, so lange zu warten, betrübte und demotivierte mich. Aber mein Vater war derjenige, der handelte und mir zeigte, wohin ich gehen und was ich tun musste, um motiviert zu bleiben und besser zu werden. Er gab mir ein Notizbuch und ein paar Zeitschriften mit schönen Bildern von Prominenten, Wissenschaftlern und der Natur. Dann bat er mich, mir die besten Bilder auszusuchen, auszuschneiden und ins Tagebuch zu kleben. Er erklärte mir auch die wichtigsten Regeln, wie ein Traumbuch funktioniert und wie es strukturiert werden sollte.

Und hier sind diese Regeln:

1. Schreibe alle deine Wünsche in Präsensform auf, als hättest du bereits, was du willst. Anstatt zum Beispiel „Ich werde ein großartiger Trainer in einem Camp sein" zu notieren, solltest du „Ich bin ein großartiger Trainer und die Kinder lieben mich einfach" schreiben.
2. Setze ein bestimmtes Datum (bei mir war es z. B. Juni 2001), wann du das erreichen möchtest, was du planst.
3. Schreibe nur positiv. Es soll dich inspirieren und motivieren, kontinuierlich hart für deine Träume zu arbeiten.
4. Stelle dir vor, du bist auf diesem Bild zu sehen und freust dich, dort zu sein.

Es war Sommer 1998 und ich plante für den Sommer 2001. Ich sammelte Bilder über amerikanische Camps, glückliche Trainer und Kinder, Hollywood, die Golden Gate Bridge in San Francisco und viele andere schöne Eindrücke. Ich klebte sie in mein Traumbuch und schrieb: „Mein großartiger Sommer 2001. Ich bin Trainerin in einem Camp.

Ich genieße es jede Minute, zu unterrichten und mit Kindern zu spielen. Ich lerne neue Fähigkeiten und besuche neue Orte. Dies ist eine Zeit meines Lebens.“

Mein Traumbuch war fertig und ich war glücklich darüber.

Ich hatte das Gefühl, dass dies mein erster kraftvoller Schritt war, um meine Träume zu verwirklichen. Die Zeit verging wie im Fluge, aber meine Träume wurden in einem Buch festgehalten. Drei Jahre später reiste ich nach Amerika, verbrachte einen fantastischen Sommer im Kennolyn Camp, unterrichtete, tauchte, schwamm und hatte eine tolle Zeit mit Kindern. Nachdem das Camp beendet war, verreiste ich mit meinen Freunden und besuchte Los Angeles und San Francisco. Ich sah alle berühmten Orte, die ich in meinem Traumbuch erwähnt hatte.

Und als ich in diesem Sommer nach Hause kam, nahm ich meine Fotos heraus und verglich sie mit den Bildern, die sich in meinem Buch befanden. Sie waren sich so ähnlich. Ich war erstaunt – das gleiche Camp, die gleichen Aussichten und sogar die gleichen Klamotten.

Unser Gehirn kann nicht zwischen Realität und Imagination unterscheiden, und wenn wir unsere Träume in schöne Bilder bringen, zeigen wir unserem Gehirn, was für uns wichtig ist. Es ist wie bei großartigen Ideen: Wenn du sie aufschreibst, kannst du sie für immer behalten, aber wenn du dich auf dein Gedächtnis verlässt, kannst du dich ein paar

Stunden später nicht einmal mehr daran erinnern, worum es ging.

Jeder Gedanke, den du denkst, und jedes Bild, das du dir vorstellst, versetzt dich in eine Handlung, die dich in die richtige Richtung führt.

Es ist bekannt, dass es für ein Boot ohne Richtung keinen guten Wind gibt!

Musik

„Wo Worte fehlen, spricht Musik."

– Hans Christian Andersen

Es wird allgemein angenommen, dass Kinder, die irgendein Musikinstrument spielen können, kreativer und selbstbewusster sind und in der Schule besser lernen können. Mein Lieblingsinstrument war ein Klavier. Ich war jedes Mal, wenn ich es sah, davon fasziniert. Mein erstes Klavier hat mir mein Großvater gekauft, als ich sechs Jahre alt war. Er war glücklich, mich in meinen tiefen Träumen zu unterstützen. Ich erinnere mich, wie er sagte: „Ich hoffe, deine Musik wird viel leichter sein als dieses schwere Instrument", als er zusammen mit seinen Freunden ein riesiges Klavier in unsere Wohnung im dritten Stock trug.

Meine Musik war leicht, bunt und glänzend. Ich könnte Stunden damit verbringen, beliebte klassische Melodien zu spielen und tief in eine Welt schöner Klänge, Vibrationen und voller Entspannung einzutauchen. Musik gab mir ein Verständnis für meine innere Welt; sie lehrte mich, meine Emotionen und Gefühle zu kontrollieren. Als ich spielte, lebte ich die Melodie. Wenn es eine fröhliche Melodie war, fühlte ich mich glücklich und umgekehrt.

Ich möchte mit dir meine persönliche Geschichte teilen, wie Musik mein Leben und das meiner Kinder beeinflusst hat, wie wir aus unserem Unterricht lernen und dies gerne gemeinsam kreieren. Jeder von uns erlebt erfolgreiche Tage oder solche mit Misserfolgen. Manchmal kannst du vorbereitet sein, aber meistens geschieht es einfach wie Regen an einem sonnigen Sommertag, wenn du es nicht erwartest.

Die größten Überraschungen passieren, wenn du denkst, dass du gut genug bist, aber dann tust du etwas und alles gerät aus den Fugen. Das ist mir während eines Winterklavierkonzerts passiert. Meine Töchter haben normalerweise jede Woche Klavierunterricht und sie üben auch jeden Tag zu Hause, wie auch ich es als Kind immer getan habe. Sie waren stolz darauf, bei einem Winterkonzert einige Weihnachtsmelodien vorzuspielen. Überraschenderweise bekam ich auch die Chance, an diesem Konzert teilzunehmen.

Zwei Wochen vor dem Konzert waren wir in unserer Musikschule zum Klavierunterricht. Wir kamen 15 Minuten früher und das Klavier war frei. Wenn ich dieses schöne Instrument irgendwo sehe, kann ich normalerweise nicht anders, als einfach meine Lieblingsmelodien zu spielen. Es kann ein Klavier am Flughafen, im Restaurant oder in einem Hotel in Beverly Hills sein. Diesmal war es keine Ausnahme. Ich habe angefangen, meine Lieblingsmelodien von Komponisten wie Beethoven, Bach, Tschaikowsky oder Chopin zu spielen, die ich vor zwanzig oder dreißig Jahren auswendig gelernt und bei verschiedenen Gelegenheiten wiedergegeben hatte.

Ich war so tief in meiner Musik und bemerkte daher nicht, dass die Lehrerin schon seit fünf Minuten da war und meinem Spiel zuhörte. Sie wollte mich nicht unterbrechen – und war erstaunt. Als ich endlich aufhörte zu spielen, kam sie zu mir und sagte: „Viktoriya, es war wunderschön! Möchten Sie eine dieser Melodien auf unserem Winterkonzert vorspielen?"

„Klar, es wird mir ein Vergnügen sein!", antwortete ich. Es wäre toll, dachte ich, meine Töchter zu unterstützen.

Die nächsten Wochen vor dem Konzert habe ich zusammen mit meinen Töchtern geübt. Wir haben sogar einige Konzerte zu Hause organisiert und uns gegenseitig bewertet, was wir gut gemacht haben und was verbessert werden könnte.

Der Tag unseres Winterkonzerts kam ziemlich schnell. Wir waren alle verkleidet – meine Töchter als Barbies und ich wie eine Oscar-Gewinnerin in einem himmelblauen Hugo-Boss-Kleid. Ich fühlte mich wunderbar und war sehr aufgeregt wegen der bevorstehenden Veranstaltung. Ich war bereit, einen Walzer von Strauss zu spielen, und es war perfekt. Das Konzert begann sehr enthusiastisch; viele Kinder von verschiedenen Lehrern traten auf. Aber unter den Erwachsenen war ich die einzige. Jede Aufführung begann mit einer kurzen Einführung durch einen Spieler. Im zweiten

Teil des Konzerts spielten meine Töchter – zuerst die jüngere Carina und dann die erfahrenere Christina. Sie waren entspannt und unglaublich gut. Ich habe für meine Erinnerungen Videos aufgenommen.

Damals bemerkte ich, dass meine Hände zu zittern begannen. Es war ein Zeichen für mich, dass ich zu nervös bin und etwas tun muss, um runterzukommen und mich zu entspannen. Endlich war ich an der Reihe, Klavier zu spielen. Ich ging stolz auf die Bühne und stellte mich und die Melodie vor, die ich spielen wollte. „Mein letztes Konzert", fügte ich hinzu, „ist schon lange her, da war ich so alt wie jetzt meine Töchter."

Ich konnte eine tiefe Stille und die volle Aufmerksamkeit des Publikums spüren. Ich begann zu spielen, und je mehr ich spielte, desto nervöser wurde ich. Nach zehn Sekunden begannen meine Hände so stark zu zittern, dass ich sogar vergaß, was ich als Nächstes spielen sollte. Damit hatte ich nicht gerechnet und war auf eine solche Situation nicht vorbereitet. Ich machte eine kurze Pause, atmete tief durch und fing wieder von vorne an. Meine Hände zitterten immer noch, aber ich konzentrierte mich auf meine Musik, Gefühle und mein Präsenz als Spielerin. Ich habe es geschafft, einen Walzer bis zum Ende zu spielen und bekam viel Applaus. Es war großartig, aber ich hatte ein verwirrendes Gefühl, ein Gefühl, dass ich irgendwann die Kontrolle über mich verlieren würde. Darauf war ich nicht vorbereitet, weil ich zu Hause perfekt spielen konnte, aber nicht auf dem Konzert.

Was denkst du, was ist wichtiger – es auszuprobieren und zu scheitern oder es gar nicht zu versuchen und gut damit zu sein? Für mich war die Antwort auf diese Frage offensichtlich: GEHE und MACHE ES, auch wenn du scheitern kannst.

„Mama, du warst so toll!“, sagte Carina. „Und deine Rede, bevor du angefangen hast, Klavier zu spielen, war die beste!“, unterstützte mich Christina. Meine Mädchen strahlten, und sie waren stolz, eine Mutter wie mich zu haben, die als einzige unter allen Eltern aufgetreten war. Und für mich war es der beste Preis, so herzliche Worte von meinen Töchtern zu hören.

Aus meiner Sicht war es kein Fehlschlag mehr, sondern nur der nächste Schritt, um besser zu werden, etwas Neues auszuprobieren und meinen Kindern zu zeigen, dass wir nicht perfekt sein müssen, sondern wir selbst sein sollten.

Deine Kinder haben es verdient

„Während wir versuchen, unseren Kindern alles über das Leben beizubringen, lehren uns unsere Kinder, worum es im Leben geht.“

– Angela Schwindt

Mach Komplimente

Schenk deinen Kindern bei jeder Gelegenheit Anerkennung. Komplimente sind wie schöne Sterne am Himmel. Du kannst nie zu viel geben, besonders deinen Kindern. Sie lieben es, zu wissen, ob sie etwas gut gemacht haben. Aber wenn sie etwas verbessern könnten, hilft es, ihnen dies auch zu sagen. Wenn du Feedback gibst, verwende ein Sandwich-Modell – sage etwas Nettes, gib Ratschläge oder stell eine Frage und schließe mit etwas Motivierendem oder Inspirierendem ab.

Wie würde ich es tun?

„Carina“, sage ich zu meiner 8-jährigen Tochter, „ich bin beeindruckt, wie schnell du deine Hausaufgaben machst und ich mag es, dass du auf Details achtest und so genau arbeitest.“ Ich gebe ihr einen Kuss, um meine Wertschätzung zu zeigen. „Außerdem wäre es toll“, fahre ich fort, „wenn du deinen Schreibtisch nach den Hausaufgaben organisieren könntest.“

Carina sieht sich um und versteht, dass ihr Schreibtisch ziemlich unordentlich ist, aufgeräumt und strukturiert werden könnte. „Was meinst du?“, schlage ich vor, „wenn du dir die Zeit nimmst, deinen Schreibtisch zu organisieren und ich gehe einen Tee für uns zubereiten, damit wir ihn gemeinsam genießen können?“

Ich sehe die Reaktion meines kleinen Spatzen, der fröhlich durch den Raum springt und alles wegräumt. Ich brauche ihre Antwort nicht, da sie mir nonverbal zeigt, dass sie mich bei dieser Aktivität unterstützt und wir als Belohnung unsere Teezeit genießen können.

Sprich positiv

Der Mensch hat täglich bis zu 45.000 verschiedene Gedanken, die einen massiven Einfluss auf uns, unser Verhalten und unsere Gefühle haben. Meistens können wir sie nicht kontrollieren. Aber wenn du lernen kannst, sie zu lenken, würdest du das tun? Selbstmotivation ist eine Frage danach, wie viel Kontrolle du haben möchtest. Wenn du zielgerichtet deine positiven Gedanken steuerst, kannst du diese Gewohnheit fördern.

Eines Tages gingen wir mit meinen Kindern im Park spazieren und beschlossen, ein sehr interessantes Spiel zu spielen: „Positiv sprechen“. Dessen Idee war es, beim Reden nur positive Wörter zu verwenden. Anstatt zu sagen: „Ich will es nicht“, wäre eine mögliche Option: „Ich möchte etwas anderes, weil …“ Derjenige, der zufällig negativ gesprochen hat, bekam sofort einen Punkt. Am Ende des Spiels war derjenige Gewinner, der die wenigsten Punkte gesammelt hatte.

Wir begannen zu spielen und die Kinder waren sehr aufgeregt. Das Spiel sorgte für viele positive Emotionen und wir haben viel gelacht. Wir haben nur eine Stunde gespielt, aber die Ergebnisse waren faszinierend:

1. Ich habe die meisten Punkte (19) bekommen und deswegen verloren. Es war eine große Überraschung für mich, weil ich dachte, dass ich positiv sprechen könnte.
2. Die Kinder entwickelten ihre eigene Gewinnstrategie und kamen zu dem Schluss, dass es manchmal besser ist, zu schweigen, um zu gewinnen: „Mama, wenn du nicht redest, kannst du nichts Negatives sagen."
3. Meine Schlussfolgerung war, dass wir täglich lernen mussten, unsere Wörter richtig zu verwenden.

Positiv zu sprechen ist eine Fähigkeit, die durch regelmäßiges Üben erlernt werden kann!

Deine Aufmerksamkeit

Kinder sind wie Haustiere – je mehr du auf sie achtest, desto freundlicher werden sie. Stell dir eine Situation vor: Du bist mit deinem Kind zu Hause; es spielt, und du musst deine Computerarbeit beenden. Deine volle Aufmerksamkeit gilt deiner Arbeit. Plötzlich kommt dein Kind zu dir, um eine Frage zu stellen oder dir eine

Geschichte zu erzählen. Wie würdest DU reagieren? Würdest du es bitten, dir noch fünf Minuten zu geben, damit du deine Arbeit beenden und ihm dann zuhören könntest? Würdest du deine Arbeit unterbrechen, dein Notebook für fünf Minuten zuklappen und deinem Kind deine volle Aufmerksamkeit schenken? Oder würdest du deinem Kind zuhören, während du damit beschäftigt bist, E-Mails zu beantworten, davon ausgehend, dass du gut im Multitasking bist? Was würdest du wählen? Ich habe gelernt, dass Kinder allgemein nicht viel Aufmerksamkeit benötigen. Aber sie brauchen die gesamte, wenn sie darum bitten, wie in der oben beschriebenen Situation.

Wenn du nur fünf Minuten für dein Kind findest und ihm zuhörst, wird es dies verstehen und wertschätzen. Du denkst sicher: Wenn ich das tue, wird mich mein Kind jedes Mal unterbrechen, wenn ich arbeite oder etwas Wichtiges erledigen muss. Ja, vielleicht hast du Recht. Und hier nur ein wesentlicher **Ratschlag: Unterbreche dein Kind nicht, wenn es spielt und tief in seinem Element ist.** Es empfindet Spielen wie du deine Arbeit – volle Konzentration ist gefragt. Kinder können deine Arbeit schätzen lernen und gleichzeitig Spaß und Konzentration im eigenen Spiel haben, wenn sie wissen, dass sie sich in jeder kritischen Situation auf dich verlassen können. Und nun folgt meine Antwort: Ich werde mein Notebook auf jeden Fall für fünf Minuten schließen und meinem Kind mit offenen Augen und viel Enthusiasmus zuhören. Für dein Kind ist deine volle Aufmerksamkeit viel wichtiger als eine Süßigkeit oder ein Zeichentrickfilm. Und wenn du bereit bist, sie deinem Kind zu schenken, bekommst du viel mehr zurück!

Sei ein *Leader*

„Ein Leader ist jemand, der den Weg kennt, den Weg geht und den Weg zeigt."

– John C. Maxwell

Werden wir als Leader geboren oder wachsen wir und werden einer? Die Antwort auf diese Frage ist einfach, sie liegt in der letzteren Option. Du wächst und wirst zu einem Leader. Dies es ist kein statischer Prozess. Wenn du weißt, warum und wie du eine Führungskraft werden kannst, bist du in der Lage, diese großartige Fähigkeit zu entwickeln.

Jeden Tag, wenn ich meinen Sohn von der Schule abhole und nach Hause fahre, teilen wir normalerweise unsere Eindrücke des Tages. Er erzählt mir, was er in der Schule Interessantes gemacht hat, und ich teile mit ihm Geschichten, die ich tagsüber gelesen oder gehört habe. Dieser Tag war keine Ausnahme.

„Mama, erzähl mir eine Geschichte", bat mich mein 6-jähriger Sohn Robert. Ich erzählte ihm eine über eine Gazelle und einen Löwen. Ich sagte ihm, dass jeden Morgen in Afrika eine Gazelle aufwacht. Sie weiß, dass sie schneller laufen muss als der schnellste Löwe, sonst wird sie getötet. Jeden Morgen wacht auch ein Löwe auf, und er weiß, dass er die langsamste Gazelle einholen muss, will er nicht verhungern. **Egal, ob du Löwe oder Gazelle bist, wenn die Sonne aufgeht, rennst du besser.**

„Willst du eine Gazelle oder ein Löwe sein?“, fragte ich Robert. „Ich möchte eine Gazelle werden“, sagte er und begründete, warum: „Weil sie freundlich ist.“ Ich war überrascht, seine Antwort zu hören. „Aber eine Gazelle rennt einfach weg“, erklärte ich. „Sie versucht einfach zu überleben, im Gegensatz zum Löwen, der motiviert ist, seine Ziele zu erreichen, der eine Gazelle ist. Ein Löwe ist ein Leader, der weiß, was er will.“

Als ich fertig war, sah mich Robert an und sagte: „Mama, darf ich meine Meinung ändern?“

„Klar“, sagte ich.

„Ich möchte ein Löwe sein!“, sagte Robert stolz.

Lass uns zunächst diskutieren, warum es wichtig ist, ein Leader zu sein. Leader sind Menschen, die über Disziplin, Visionen und klare Prioritäten verfügen. Sie wissen auch, wie effizient erfolgreiche Menschen sind und welchen großen Einfluss sie auf andere haben. Im Laufe eines Tages beeinflussen wir in der Regel mehrere Personen. Lehrer beeinflussen Schüler, Eltern ihre Kinder, sogar Fremde beeinflussen sich gegenseitig. Und deshalb lautet die Frage nicht, ob du dein Kind beeinflussen kannst, sondern WIE du deine Einwirkung nutzen wirst.

Drei magische Worte können jeden Leader gut beschreiben, leicht auswendig gelernt und Kindern erklärt werden: **GEHEN, SCHAUEN, SPRECHEN**.

Um ein Leader zu sein, musst du wie ein Leader handeln! Pass auf, wie du GEHST – ist es wie ein Pfau oder wie ein Spatz? Selbstbewusst oder schüchtern? Schaust du nach oben und greifst nach den Sternen oder nach unten und zählst jeden Stein?

Der erste Eindruck ist entscheidend und dein Gehstil trägt dazu bei. Es ist bekannt, dass du für den ersten Eindruck keine zweite Chance bekommst. Daher solltest du es sofort tun, sonst verlierst du deine Gelegenheit.

Der zweite Aspekt ist, wie du AUSSIEHST. Es ist leicht, einen selbstbewussten Menschen allein an seinem eigenen Stil zu erkennen. Ein stilvoller Mensch weiß normalerweise, was er oder sie will, was ihn oder sie glücklich macht und was zu ihm oder ihr passt. Er ist sich bewusst, wie er die Aufmerksamkeit auf das lenkt, was er an sich mag, und seine Unvollkommenheiten verbirgt. Wir alle haben sie, nicht wahr? Die Frage ist, wie du mit deinen Unvollkommenheiten umgehen kannst.

Und das letzte Zauberwort ist ironischerweise, wie du SPRICHST. Lieferst du nur die Fakten oder erzählst du Geschichten? Weißt du, wie man Aufmerksamkeit erregt, damit die Leute dir zuhören? Fühlst du dich beim Sprechen wohl?

Ich habe gelernt, dass Sprechen eine Fähigkeit ist, die wie jede andere entwickelt werden kann. Ich kann es zugeben: Smalltalk kann regelrecht langweilig sein – die gleichen Fragen und die gleichen Antworten und danach nur noch Tschüss. Angenommen, du fragst jemanden bei der Arbeit höflich, was er oder sie am Wochenende gemacht habe. In diesem Fall wirst du wahrscheinlich nicht hören (selbst wenn du es möchtest), wie viel Spaß es bereitet hat, eine Pizza zu backen oder mit den Kindern zusammenzusitzen und die Hausaufgaben zu machen. Normalerweise hörst du eine kurze Antwort und das Gespräch ist beendet. Aber es könnte so schön sein, zuzuhören und über etwas Wertvolleres zu sprechen, als nur das schlechte Wetter draußen oder den Verkehr auf dem Weg zur Arbeit. Jemand sagte mal: „Ein Gespräch ist wie ein Buch, entweder liest man einen Titel oder man öffnet ein Kapitel und liest eine schöne Geschichte. Du entscheidest!“

Wenn du es dir zur Gewohnheit machst, mehr zuzuhören und weniger zu sprechen, wird sich dein Fokus vom Sprechen auf das Zuhören und Lernen verlagern. Es gibt einen Grund, warum wir zwei Ohren und einen Mund bekommen. **Schau dich um und hör zu – hör auf deine Freunde, deine Kollegen und deine Kinder und du wirst mehr erfahren und mehr lernen.**

Daher kannst du sehen, dass sich die Eignung zur Führung und Einflussnahme nicht von einer Reihe von Fähigkeiten unterscheidet, die Tag für Tag erlernt und verbessert werden können. Beginne noch heute damit, diese großartigen Fähigkeiten bei deinen Kindern zu entwickeln.

Eines Tages werden sie die Auswirkungen dieses Prozesses erfahren und dir dankbar sein.

Bilde gute Gewohnheiten

„Ihre Gewohnheiten werden Ihre Zukunft bestimmen."

– Jack Canfield

Weißt du, dass jeder Schritt in deinem Leben von deinen Gewohnheiten vorhergesagt wird? Du bist glücklich oder traurig, fit oder nicht aufgrund dessen, was du immer wieder tust: deine Gewohnheiten. Daher führt die Entwicklung neuer gesunder Gewohnheiten dazu, dein Leben so zu ändern, wie du es möchtest.

Forscher des University College London untersuchten innerhalb von 12 Wochen die neuen Gewohnheiten von 96 Menschen. Sie fanden heraus, dass die durchschnittliche Zeit, bis sich die neue Gewohnheit entwickelt und dauerhaft wird, 66 Tage beträgt. Nur 66 Tage, in denen du eine neue gute Angewohnheit praktizierst, können dein Leben auf eine bessere Weise verändern.

Also, worauf wartest du? Lass uns einige Gewohnheiten aufgreifen, die dein Leben einfacher und glücklicher machen und dich zu deinen Träumen führen können.

Steh früh auf

Stell dir vor, es gibt eine Bank, die deinem Konto jeden Morgen 86.400 $ gutschreibt. Es überträgt keinen Saldo vom Vortag. Jede Nacht löscht die Bank all das Geld, das du tagsüber nicht verwendet hast. Was würdest du tun? Natürlich, du hebst sicher jeden Cent ab, oder?

Jeder von uns hat eine solche Bank und es ist die ZEIT. Sie schreibt dir jeden Morgen 86.400 Sekunden gut, und es ist deine Entscheidung, diese zu verwenden oder zu verlieren. Studien konnten zeigen, dass fast alle erfolgreichen Menschen zwischen 5 und 6 Uhr morgens aufwachen und ihren Tag mit einer positiven Routine beginnen, wie zum Beispiel meditieren, in ein Tagebuch schreiben, Morgengymnastik machen oder ein Motivationsbuch lesen. Sie starten mit einem Energieschub in den Tag.

Was mich betrifft, beginne ich meinen Tag normalerweise um 6 Uhr morgens. Im Winter gehe ich meistens ins Fitnessstudio, im Sommer joggen, wenn es draußen nicht zu dunkel ist. Ich konnte sehen, wie meine Produktivität während des Tages von dem abhängt, ob ich morgens joggte oder nicht. Wenn ja, beginnt dieser sehr enthusiastisch, voller Energie und Power. Und an solchen Tagen beeinflusst die Kraft meine Produktivität und meinen Kommunikationsstil, meine Hilfs- und Unterstützungs-bereitschaft, die Fähigkeit, die richtigen Lösungen zu finden und alle Schwierigkeiten zu überwinden. Es ist nur eine kleine Angewohnheit, die ich entwickelt habe, und sie war bis jetzt lukrativ.

Eine weitere gute Eigenart ist die Planung deines Tages, deiner Woche und deines Jahres. Du kannst sagen: „Mir läuft die Zeit davon!“ Aber Zeitmangel ist kein Ding. Ich glaube, wenn man wirklich etwas tun möchte, findet man immer die Zeit. Es geht nur darum, Prioritäten zu setzen: Sport zu treiben, statt fernzusehen, oder ein Buch zu lesen, statt zu plaudern. Anstatt zu sagen, ich habe keine Zeit, ist es besser zu entscheiden: „Das ist nicht meine Priorität.“ Und siehe, wie alles einfach wird. Eine Stunde Planung spart drei Stunden Ausführung.

Ein sorgfältig geplanter Tag motiviert dich, mehr zu tun und dir weniger Sorgen zu machen. Es ist nicht das, was wir tun, das uns müde macht – es ist das, was wir nicht tun. Auch Prokrastination ist ein wichtiger Faktor bei jedem Scheitern. Die Aufgaben, die wir nicht vor Ablauf einer Frist erledigen, verursachen bei uns am meisten Stress und Enttäuschungen.

Jeden Tag erstelle ich eine Liste mit kleinen Zielen, die ich erreichen möchte. Ich plane alles für meine Familie und für mich. Danach bleibe ich einfach bei meinen Plänen und setzte sie um. Für mich ist es sehr wichtig, meine Prioritäten klar zu setzen. Wenn ich also aus irgendeinem Grund nicht alles schaffe, was ich mir vorgenommen habe, sorge ich einfach dafür, dass zumindest meine obersten Prioritäten erreicht werden. Denn Fristen können nicht warten, manche Termine oder Versprechungen auch nicht. Es bewirkt Wunder, wenn du dich Schritt für Schritt mit all deiner

Aufmerksamkeit auf die Aufgabe konzentrierst und eine Sache nach der anderen tust.

10.000 ist eine magische Zahl!

„Mach es nochmal. Spiel es nochmal. Sing es noch einmal. Lies es nochmals. Schreibe es noch einmal. Skizziere es noch einmal. Übe es noch einmal. Führe es erneut aus. Versuche es erneut. Denn wieder ist Übung, und Übung ist Verbesserung, und nur Verbesserung führt zur Perfektion."

– Richelle E. Goodrich

Was ist das Besondere an der Zahl 10.000? Liegt ein geheimer Schatz 10.000 Meter von der Erde entfernt? Nein. Hat es mit 10.000 Leuten bei einem Rockkonzert zu tun? Nein. Was ist es dann?

Ich spreche von 10.000 Übungsstunden, die dich von einem durchschnittlichen Menschen zu einem großartigen Experten machen. Es hat sich gezeigt, dass man etwa 10.000 Stunden üben muss, um ein professionelles Niveau zu erreichen. Es könnte 10 Jahre lang etwa 4 Stunden pro Tag praktiziert werden. Es kann länger dauern, ein Profi zu werden, oder schneller gehen, aber es dauert im Durchschnitt 10.000 Stunden.

Ob Profisportler oder Musiker, in der Praxis stoßen sie Tag für Tag an ihre Grenzen. Sie konkurrieren mit sich selbst und stellen sicher, dass sie jedes Mal besser werden.

Ich erinnere mich, dass ich mit einem Experten über dieses Phänomen – 10.000 Stunden – sprach und ihm sagte:

„Ich laufe bereits mein ganzes Leben, seit ich mich erinnere. Ich mache das seit 30 Jahren und habe definitiv schon 10.000 Stunden gesammelt. Aber ich bin keine Olympiasiegerin oder gar Profi-Läuferin. Warum funktioniert es bei mir nicht?"

Er stellte mir einige Fragen zu meinem Laufziel, ob ich denn eines hätte. „Ja", sagte ich, „ich möchte mein Leben lang gesund und aktiv bleiben und ein gutes Beispiel für meine Kinder sein." Er fragte mich weiter: „Und woran denkst du, wenn du rennst?"

„Ich überlege, was ich zum Abendessen kochen soll, wohin ich in den Urlaub fahre oder ich plane mein nächstes Experiment im Labor oder schreibe meine neue Rede", antwortete ich ehrlich.

Schon nach diesen kritischen Fragen konnte ich den Unterschied zwischen einem Experten und mir erkennen. Meine Antworten waren in diesen Fragen versteckt und es war offensichtlich, dass ich meine kleinen Ziele erreichte, aber keine größeren, da ich mich nicht darauf konzentrierte. **Um in deinem Bereich erfolgreich zu sein, solltest du ein bestimmtes großes Ziel haben.** Dieses könnte sein, einen künftigen Wettbewerb zu gewinnen, ein Buch zu schreiben oder 10 kg zu verlieren.

Das Nächste, was entscheidend ist, ist die Qualitätszeit. Wir konnten bereits sehen, dass Quantität eine Rolle spielt, aber Qualität – wie du übst, was du täglich tust, um dich zu verbessern, wie du an deinen Schwächen arbeitest, all das zählt. Deine 10.000 Stunden müssen sinnvoll und reich sein.

Und nicht zuletzt ist ein Mentor ein wesentlicher Erfolgsfaktor. Alle erfolgreichen Menschen haben einen Mentor oder einen Coach. Sie sind Schlüsselfiguren, weil sie dir zeigen, wo du schwach bist und wie du diese Schwäche in deine Stärken umwandelst.

Vertrauen

„Es ist das Vertrauen in unseren Körper, Geist und Seele, das es uns ermöglicht, immer wieder nach neuen Abenteuern zu suchen."

– Oprah Winfrey

Vertrauen ist überall gefragt, sowohl im Beruf als auch im Alltag. Ich finde, man sollte es jeden Tag weiterentwickeln.

Es ist schwierig, wichtige Entscheidungen zu treffen, wenn dein Vertrauen nur 95 % beträgt. Die restlichen 5 % können entscheidend sein, um den richtigen Schritt zu wagen. Jeden Tag, wenn du relevante Entscheidungen triffst, indem du deine Komfortzone verlässt, neigst du dazu, dich auf dein Vertrauen zu verlassen. Öffentliches Reden ist ein großartiges Beispiel für Selbstvertrauen. Wenn du selbstbewusst bist, spiegelt es sich in deiner Rede, deinem Präsentationsstil und deinen Argumenten wider, damit dein Publikum es spüren kann.

Ich mag öffentliches Reden mit all seiner Performativität – Storytelling, großartige Körpersprache, Blickkontakt und Wow-Momente. Als Toastmasterin und Teilnehmerin an Redewettbewerben habe ich gelernt, dass das Reden vor Publikum wie das Servieren des Tisches für Gäste ist – alles muss gut vorbereitet sein. Ein starkes Konzept hinter deinem

Vortrag, eine spannende Geschichte und eine Botschaft, die du vermitteln möchtest, ist wie eine Spaghetti bolognese mit feinen Zutaten. Es sieht sehr einfach aus, wenn du es in einem italienischen Restaurant bekommst, aber hast du schon einmal versucht, diese selbst zu kochen? Ich habe es ausprobiert, den ganzen Tag in der Küche gestanden und mehr als zehn Zutaten nacheinander hinzugefügt, um sie zu vollenden. Trotzdem war sie am Ende nicht so lecker, wie ich erwartet hatte.

Aber es ist auch bekannt, dass Profis Menschen sind, welche die schwierigen Sachen einfach aussehen lassen. Ich möchte darauf hinweisen, dass wir allzu oft die Arbeit, die Praxis und den Aufwand übersehen, die dazu dienen, etwas mühelos wirken zu lassen.

Leckere Spaghetti bolognese oder eine noch köstlichere und ein wenig würzige Rede, die uns großen Genuss bringen, sind das Ergebnis harter Arbeit und täglicher Übung.

Die Teilnahme an den Konferenzen erweiterte mein Wissen und lehrte mich, dem Publikum die Hauptbotschaft auf interessante und einprägsame Weise zu vermitteln. Die dortigen Präsentationen sind oft langweilig, mit vielen Fakten und überladenen Folien. Man merkt, dass das Publikum nicht interessiert ist und die Aufmerksamkeit verloren geht, da jeder nur auf sein Smartphone schaut, Nachrichten schreibt oder in den sozialen Netzwerken surft.

Wofür solche Präsentationen halten, die von niemandem beachtet werden? Vielleicht ist dies der Hinweis für dich, etwas zu ändern – bringe lustige Geschichten mit, teile deine eigenen Erfahrungen und genieße die volle Präsenz deines Publikums. Es kann toll sein, aber es gibt zwei Kriterien für die erfolgreiche Umsetzung – erstens muss man wissen, wie man eine tolle Präsentation hält, und zweitens den Mut dazu haben.

Eines Tages entschied ich, meine Präsentation im TED-Stil zu halten, weniger Fakten zu verwenden und mehr interessante Geschichten zu erzählen. Obwohl ich mir nicht sicher war, ob die Leute meine Präsentation mögen würden, beschloss ich, es auszuprobieren.

Ich ging auf die Bühne und anstatt dem Organisationskomitee für die Einladung zu danken, wie es bei meinen hundert vorherigen Vorträgen der Fall war, bat ich das Publikum, die Augen zu schließen und sich vorzustellen, wie großartig es sein könnte, ein Modell zum Testen neuer Medikamente zu entwickeln und Millionen Tiere zu verschonen, indem man einen zusätzlichen Test vermeidet. Von dieser ersten Sekunde an hatte ich seine volle Aufmerksamkeit. Ich konnte es bis zum Ende meiner Präsentation aufbewahren. Ich konnte die Leute zum Lachen bringen und zum Nachdenken anregen. Meine Folien stellten nur Fotos dar, die meine Präsentation unterstützen und zum

Verständnis meiner Botschaft beitragen konnten. Es war ein großer Erfolg!

So war ich überzeugt, dass **großartiges Geschichtenerzählen ein magischer Schlüssel ist, um der Öffentlichkeit Informationen zu vermitteln.**

Schütze deine Kinder

„Kinder sind große Nachahmer. Also gib ihnen etwas Großartiges zum Nachmachen.“

— Anonymous

Meine Tochter Carina nahm mit ihrer Klasse an einem dreitägigen Ausflug aufs Land teil. Es war ihre allererste Reise ohne Eltern und sie war begeistert. Ich konnte sie kaum wiedererkennen – sie war 8 Jahre alt, aber ihr Verhalten erinnerte mich eher an ein Mädchen von mindestens 10 Jahren. Sie packte ihre Sachen ganz alleine und plante, was sie auf der Reise machen wollte.

Ich kannte solche Touren ziemlich gut von meiner älteren Tochter Christina. Und ich wusste, dass es egal ist, was du sagst, die Kinder sind einfach Kinder und mögen es, Spaß zu haben. Ich sagte zu Carina, bevor sie auf diese Fahrt ging: „Du kannst tanzen, soviel du willst, aber vergiss bitte nicht zu schlafen.“ Sie lächelte, aber sie verstand, dass ich Witze machte und sie verstand meine Nachricht, die lautete: „Pass auf dich auf und sei respektvoll!“

Sie verließ das Haus und ich habe sie drei Tage lang nicht gesehen. Als sie zurückkam, war sie glücklich und erschöpft zugleich. Ich sah sie an und bemerkte einen blauen Fleck unter ihrem rechten Auge auf der Wange. „Was ist passiert?“, fragte ich meine kleine Maus.

„Ein Junge ist mir gerade über den Weg gelaufen, aber er hat sich entschuldigt“, lautete ihre klare ehrliche Antwort, die zeigte, dass es nur ein Unfall und niemand schuld war. Ich stimmte meiner Tochter zu, dass alles in Ordnung sei, obwohl ich sicherstellen wollte, dass es sich nicht wiederholt und sie gelernt hat, vorsichtiger zu sein. „Liebling“, sagte ich, „das ist in Ordnung, aber ich möchte nicht, dass du das nächste Mal alleine auf eine Reise gehst.“ „Okay“, sagte mein Sonnenschein. Sie konnte fühlen, dass es keine Strafe war, sondern tiefe Fürsorge von ihrer lieben Mutter.

Einen Tag später, nach dem Wochenende, ging sie zum ersten Mal nach diesem Ausflug zur Schule. Sie erholte sich bereits, aber ihre rechte Wange war immer noch blau und noch stärker geschwollen als am Tag zuvor. Als ihre Lehrerin sie sah, war sie schockiert, es sah ernster aus, als es auf der Tour den Anschein hatte. Ihre direkte Frage an Carina war: „Was hat deine Mutter dazu gesagt?“

„Meine Mutter hat gefragt, was passiert ist“, antwortete Carina. „Und danach?“, fuhr die Lehrerin neugierig fort. „Sie hat gesagt, dass sie das nächste Mal nicht möchte, dass ich alleine auf eine Klassenfahrt gehe“, war Carinas ehrliche Antwort. Die Lehrerin sah sie sehr aufmerksam an und sagte: „Weißt du, ich stimme deiner Mutter zu!“

Kinder reagieren sehr sensibel auf Worte, die wir sagen. Manchmal begreifen sie vielleicht nicht die Bedeutung des Wortes, aber selbst Babys können sofort verstehen, was du vorhast. **Dieselben Worte können entweder als Bestrafung oder als Akt der Fürsorge und Liebe dienen, je nachdem, wie du sie rüberbringst.** Carina hätte es als Strafe empfinden können, dass sie mit ihrer Klasse keinen Ausflug mehr machen konnte. Aber sie erkannte, dass ich sie nur beschützen wollte und meine Entscheidung auf Liebe beruhte. Sie war mit meiner Entscheidung einverstanden und das wusste ich zu schätzen. Es waren keine weiteren Worte nötig.

Großartige Leute

„Ein Mentor ist jemand, der dir erlaubt, die Hoffnung in dir selbst zu sehen.“

– Oprah Winfrey

Wie oft haben wir eine erfolgreiche Geschichte über eine talentierte Sportlerin oder Musikerin gehört – sie wurde in eine arme Familie hineingeboren und begann mit vier Jahren Klavier zu spielen – jeden Tag acht Stunden lang hat sie geübt und mit sechs Jahren ihr erstes Klavierkonzert gewonnen. Und jetzt ist sie eine weltweit bekannte Komponistin. Es ist eine gelungene Geschichte mit einer großen Heldin.

Wir alle lieben Helden, aber interessanter in jeder Geschichte ist das, was nicht erzählt wurde: Wer hat ihr das Klavierspielen gezeigt? Wer hat ihr das Schreiben und Lesen beigebracht? Wer hat sie auf ihrem Weg zum Erfolg unterstützt? Vielleicht war es ihre Großmutter, die ihr jede Nacht schöne Geschichten erzählte, bevor sie sie ins Bett brachte? Vielleicht war es eine Lehrerin, die ihr Talent erkennen und sie zum Weiterspielen motivieren konnte? Vielleicht war es ihr enger Freund, der die Träume von einer Welt der Musik teilte?

Was ich sagen möchte, ist, dass es im Leben keinen einzelnen Spieler gibt. Großartige Spieler können auf eine

Reihe von unterstützenden Spielern im Hintergrund oder an ihrer Seite zählen. Sie bestärken sie als Personen und helfen ihnen. Es ist ein Team, ein Team von Menschen, das in deinem Leben zusammenkommt, um dich zu unterstützen und dein Wachstum zu ermöglichen.

Von ihnen hängt so viel ab – von großartigen Lehrern, Coaches, Mentoren. Sie alle beeinflussen dich, indem sie dich trainieren, ihr Wissen teilen, dich motivieren und vorantreiben, um deine Ziele zu erreichen. Sie zeigen dir, was du kannst und wovon du nicht einmal wusstest, dass du dazu imstande warst. Wenn man sich umschaut, gibt es solche Menschen überall – in der Schule, auf der Arbeit, im Freundes- und Familienkreis.

Erinnerst du dich an deine Lieblingsstunde in der Schule? Was hast du gefühlt? Warst du glücklich, an diesem Unterricht teilzunehmen, zusätzliche Literatur zu lesen, deine Hand zu heben, sobald du die Frage gehört hast? Als Kinder sind wir vom Lehrer mehr beeindruckt als von dem Fach, das er oder sie unterrichtet. Und wenn wir unseren Lehrer mögen und seinen Unterrichtsstil interessant und unterhaltsam, inspirierend und motivierend finden, dann vertiefen wir uns mehr in das Fach und lernen viel schneller. Das Interesse von Kindern an einem Thema wird direkt von einer Person beeinflusst, die sie inspirieren kann.

Eines Tages beim Gymnastiktraining sagte die Trainerin zu meiner Tochter: „Carina, wenn du ein Star werden willst, musst du hart an deinem Tanz arbeiten!" „Ich bin schon ein Star!", antwortete Carina zuversichtlich und fröhlich. „Aber du willst doch ein Star bleiben, oder?", fragte die Trainerin neugierig. „Das stimmt. Ich werde mein Bestes geben", sagte Carina und startete mit viel Enthusiasmus und noch fokussierter in ihr Training.

Erfahrene Trainer wissen, wie man motiviert und inspiriert. Solche großartigen Menschen haben einiges gemeinsam: Sie versorgen dich mit Informationen und Wissen, machen Mut und bringen dich voran. Sie finden auch Wege, um dein persönliches und berufliches Wachstum zu stimulieren, und können klar erkennen, wo du dich verbessern musst.

Großartige Mentoren konzentrieren sich darauf, dir zu helfen, das Beste zu werden, was du sein kannst!

Entspann dich

„Smell the sea,

Feel the Sky,

Let your Soul,

And spirit fly!"

– Van Morrison

Hinter unserem hektischen und stressigen Alltag vergessen wir manchmal, uns auszuruhen. Vielleicht vergisst du es nicht, aber du legst einfach keine Priorität darauf, deinem Körper Energie zu geben und ihn korrekt zu behandeln. Richtig?

Das finde ich ziemlich nervig. Wenn bei unserem Smartphone die Batterien leer sind, laden wir diese sofort auf. Es fühlt sich fast so an, als ob unser Leben davon abhängt. Aber wenn es darum geht, uns dieselbe Barmherzigkeit zu erweisen, warten wir so lange, bis wir unseren Körper aufladen.

Stress, Druck und Schlafmangel bauen sich in uns auf und verbrauchen unsere Energie. Wenn ich dich jetzt frage, weißt du dann, wie du dich aktiv entspannst und diese Energie zurückzugewinnen vermagst? Kannst du mir drei geeignete Methoden nennen? Wenn du kannst, ist das großartig, aber wenn du es nicht schaffst, solltest du darüber nachdenken.

Unabhängig davon habe ich unten einige Methoden zum Entspannen aufgeführt, die ich mit dir teilen möchte.

Methode 1

Beginne damit, einen ruhigen Ort zu finden, an dem dich niemand stören kann. Setze dich in eine bequeme Position, lockere dich und jeden Teil deines Körpers. Beginne mit den Füßen und bewege dich nach oben zu deinem Kopf, um jedes Stück deines Körpers zu entspannen. Bleibe konzentriert und überprüfe alle deine Organe dahingehend, was sie fühlen. Achte auf die Stellen in deinem Körper, an denen du dich unwohl fühlst und dich anspannst. Streichle sie mit positiven Gedanken und Sorgfalt.

Wenn du die Reise durch deinen Körper beendet hast, wirst du eine angenehme Art der Entspannung spüren. Bleibe mindestens 10 bis 15 Minuten in diesem Zustand. Ruhiges und entspanntes Sitzen lässt deinen Körper neue Energie tanken und gibt dir weitere Hinweise und Motivationsschübe.

Methode 2

Gehe barfuß spazieren. Unser Körper besteht zu 75 Prozent aus Wasser, was hervorragend geeignet ist, um Strom zu leiten. Barfußgehen verbindet unseren Körper mit der Erde, die negativ geladen ist. Es wurde nachgewiesen, dass negative Ionen entgiften, beruhigen und Entzündungen reduzieren, deine Hormonzyklen und physiologischen Rhythmen synchronisieren. Das Meer, der Wald oder dein eigener Garten können großartige Orte sein, um negative Ionen durch die Füße zu entfernen. Jeder konnte mindestens einmal das tolle Gefühl genießen, barfuß am Strand zu gehen und diese kraftvolle Energie zu tanken.

Methode 3

Schalte alle deine Sinne ein. Setze oder lege dich an einen ruhigen Ort und achte auf deine Atmung. Atme lange ein und aus. Konzentriere dich einige Minuten lang auf nichts anderes als deine Atmung. Halte die Augen offen und schau nach oben. Beginne mit dem visuellen Kanal. Sag dir drei Dinge, basierend auf deinen Beobachtungen des Raumes, in dem du dich befindest. Es würde ungefähr so laufen: Ich sehe ein Gemälde an der Wand, ich sehe blaue Vorhänge, ich sehe ein Fenster.

Danach mache dasselbe, aber mit deinem Hörkanal – ich höre Musik, ich höre meine Kinder im Nebenzimmer spielen, ich höre, wie ich atme.

Und dann gehst du in deinen kinästhetischen Kanal (ein Gefühl für Körperposition, Muskelbewegung und Gewicht) – ich fühle meinen Kopf auf dem Kissen, ich fühle meine Hände, ich fühle meine Zehen.

Nachdem du die erste Runde beendet hast, gehe in eine zweite, in der du dasselbe tust, dich jedoch nur zweimal auf jeden Kanal konzentrierst. Und in der dritten Runde machst du es nur einmal für jeden Kanal und konzentrierst dich mehr auf Prozesse, die in deinem Körper ablaufen.

Diese Methode bringt dich in einen tiefen Entspannungszustand. Bleibe mindestens 10 bis 15 Minuten in diesem Status deines Körpers und Geistes. Du kannst viele andere Methoden finden, um deinen Akku aufzuladen und voll zu halten.

Es gibt nicht die besten Methoden für jeden, aber du kannst definitiv diejenige auswählen, die für dich am besten funktioniert!

Wunsch vs. Verlangen

„Wenn dein Verlangen stark genug ist, wirst du anscheinend übermenschliche Kräfte besitzen, um etwas zu erreichen."

– Napoleon Hill

Wir alle wünschen uns etwas – ein neues Auto, eine große Geburtstagsfeier, viele Geschenke und eine Torte mit Kerzen … Okay, vielleicht nicht gerade die Kerzen. Aber wir wünschen uns mehr freie Tage, längeren Urlaub, Abnehmen oder Zunehmen usw.

Aber es ist nur ein Wunsch. Ein Wunsch kann in Erfüllung gehen oder nicht, dies liegt nicht an uns. Es könnte von unseren Eltern, Freunden, Chefs oder Ehepartnern abhängen, aber nicht von uns.

Das Verlangen hingegen ist stärker. Verlangen ist eine innere Energie, die uns motiviert. Es ist normalerweise mit Disziplin verbunden, im Gegensatz zum Wunsch.

Möchte ich fit und sportlich sein? Nein, das möchte ich nicht, ich habe ein starkes Verlangen, meine Bestform zu erreichen. Sobald ich dieses Verlangen erkenne, werde ich einen Plan dafür entwerfen. Und ich werde an diesem festhalten und ihn ausführen.

Denke daran, morgen beginnt schon heute und die Zeit vergeht wirklich schnell. Eine gute Nachricht ist jedoch, dass du ein Pilot bist und dein Ziel auswählen kannst. Und wer dieses kennt, kann es auch erreichen.

Das Verlangen wird durch deine Träume geschützt und sollte jeden Tag durch deine Ambitionen, optimistische Menschen in deinem Umfeld und deine kreative Einstellung unterstützt werden. Tolle Einstellung und sonnige Stimmung können viral gehen und umgekehrt.

Aber was passiert normalerweise? Wir sind das Produkt der Umstände um uns herum. Ein sonniger Tag bedeutet gute Laune. Ein regnerischer Tag bringt dich in schlechte Stimmung, oder?

Wer legt diese Regel fest? Es scheint eine Vorschrift zu sein, die viele von uns gerne befolgen, weil sie einfach ist.

Aber warum nicht schon jetzt mit dem Üben beginnen und Willenskraft und Disziplin entwickeln?

Niemand hat behauptet, dass eine Selbstentwicklung einfach ist. Wenn dem so wäre, wären alle erfolgreich und wohlhabend, aber das ist nicht der Fall. Nur 1 %, maximal 5 % können ihr volles Potenzial ausschöpfen und ihr Bestes geben.

Und vergiss nicht, dass DU und nur du dein Bestes VERLANGEN solltest. Sonst niemand. Niemand kümmert sich um dein Bestes. Niemand kennt dein Bestes. NUR DU!

Wenn du auf dich achtest, wird es jeder tun.

Wenn du dich selbst liebst, wird es jeder tun.

Wenn du deine Zeit schätzst, schätzen auch alle deine Zeit!

Und dein Verlangen ist auch die beste Medizin gegen deine ÄNGSTE. Ersetze deine Angst durch starke Wünsche.

Anstatt zu sagen:

Ich habe Angst, krank zu sein

Ich will nicht arm sein

Ich möchte abnehmen

Sage einfach:

Ich möchte super gesund sein

Ich werde reich sein

Ich erreiche meine Bestform!

Ersetze dein Smartphone durch dein Tagebuch

„Führe ein Tagebuch, und eines Tages wird es dich führen."

– Mae West

Hast du dich jemals gefragt, wo deine ganze Zeit hingeht? Gefällt dir, wie deine tägliche Produktivität aussieht? Liest du viel? Schreibst du deine Ideen auf?

Wenn du die obigen Fragen mit Nein beantwortest, gehörst du wahrscheinlich zu den Menschen, die viel Zeit vor dem Computer, Fernseher oder Smartphone verbringen, im Internet surfen und chatten.

Wenn das stimmt, ist es höchste Zeit, dass du deine Gewohnheiten änderst und deine Prioritäten richtig setzt.

Früher dachte ich, dass ich in meinem hektischen Alltag keine Zeit habe, Bücher zu lesen, und definitiv über keine verfüge, mein Buch zu schreiben. Früher war ich überschwemmt mit Arbeit, Familie und mir. Sobald ich ein paar Freiminuten erhielt, verbrachte ich sie auf Facebook, Instagram oder anderen Social-Media-Kanälen – hier Beiträge anschauen, dort Bilder liken … Die Zeit vergeht bei diesen Aktivitäten wie im Fluge und es wird nichts Sinnvolles getan. Sicher, es ist der beste Weg, um deine Zeit totzuschlagen. Aber ist es wirklich das, was du mit dieser anfangen willst?

Ich war mit meinen Leistungen nicht zufrieden. Es schien, als würde ich viel tun, aber am Ende nichts erreichen.

Ich war verwirrt, gestresst und emotional leer. Unter solchem Druck wurde ich krank. Und krank und gestresst zu sein bedeutet für mich, dass das Leben versucht, mir eine Lektion über meine Fehler zu erteilen, die ich nicht mehr wiederholen sollte. Es war an der Zeit, Änderungen vorzunehmen, um die alte Geschichte zu beenden und eine neue zu beginnen.

In meiner alten Geschichte drehte sich alles um das Leben mit einem überkommenen und wenig hilfreichen Lebensstil, der mich in diesen ungesunden Zustand gebracht hatte, in dem ich mich befand. Ich beschloss, mit dem Fernsehen aufzuhören, meinen Computer nicht mehr zu benutzen, ging offline und legte mein Smartphone für eine Woche weg.

In den ersten Tagen überkam mich Verwirrung. Ich hatte das Gefühl, dass mir etwas fehlt, sich die Welt ohne mich weiterbewegt und ich ganz allein bin. Es war wie ein Juckreiz, ich verspürte den Zwang, durch meine Social-Media-Kanäle zu scrollen … oder vermutete zumindest, dass ich ihn verspürte. Aber ich habe auch gelernt, dass solche Emotionen normal sind. Sie bringen dich zurück zu dir selbst, zu deinen inneren Gefühlen und zeigen dir, wer du wirklich bist.

Und meine neue Geschichte handelte von Inspiration und Motivation, Entspannung und dem Leben im Moment. Dies bedeutete für mich, spazieren zu gehen, in den Himmel zu schauen, dem Gesang der Vögel zu lauschen und die frische Waldluft zu riechen; zu lernen, kleine Dinge wie die vielfältigen Farben der Blätter oder die warmen Sonnenstrahlen im Gesicht zu genießen.

Normalerweise ging ich mit meinem Tagebuch spazieren, fand ein ruhiges Plätzchen in der Welt der reinen Natur und schrieb alles auf, was mir in den Sinn kam. Der Fokus meiner Aufmerksamkeit verlagerte sich von der Außenwelt in mein Inneres und half mir zu erkennen, wer ich bin und was mich antreibt.

Nur indem du dein Smartphone durch ein großartiges Buch ersetzt oder diese wertvolle Zeit damit verbringst, ein Tagebuch zu schreiben, nicht für einen Tag, sondern zumindest für eine Woche oder einen Monat, kannst du einen erstaunlichen Einblick in dich selbst gewinnen und dir dein wahres Potenzial zeigen.

Trenne dich für eine Weile von der Welt und du wirst wirklich überrascht sein, wie großartig das alles sein kann.

Dein Bestes

„Die einfache Wahrheit ist, dass glückliche Ehen auf einer tiefen Freundschaft basieren.“

– Dr. John Gottman

Dein Bestes … Was denkst du, wer kann es sein?

Es ist eine Person, die dich ohne Prätention, Verkleidungen und Make-up liebt, die dich zum Lachen bringen kann. Dein Bestes hilft dir, Entscheidungen zu treffen, wenn du zögerst oder du Unterstützung und freundliche Beratung benötigst. Diese Person ist dein Freund, dein Wertschätzer, dein Entertainer und deine beste Wahl.

Ich spreche jetzt von deinem Ehepartner, Freund oder engsten Familienmitglied. Mit dieser Person bildet man ein tolles Team aus zwei Menschen, die sich aufeinander verlassen und einander vertrauen.

Ich wäre nicht Mutter von drei schönen Kindern und gleichzeitig erfolgreiche Wissenschaftlerin und Rednerin, wenn ich nicht die größte Unterstützung von meinem lieben Mann hätte. Er ist auch Wissenschaftler, aber noch wichtiger, er ist ein großartiger Vater und der beste Ehemann.

Für all meine Erfolge bin ich ihm dankbar, denn er war da, als ich scheiterte oder meinen Tiefpunkt erreichte. Er war da, um mich hochzuheben, mir die andere Seite der Medaille zu zeigen, mich an meine vergangenen Erfolge zu erinnern und daran, dass ich es wieder tun kann.

„Deine Familie sollte deine Priorität sein“, lautet die Philosophie meines Mannes. Und genau diese Sichtweise macht jede Familie stark und unerschütterlich. In einem solchen Haushalt wachsen Kinder selbstbewusst auf, umgeben von liebevollen und unterstützenden Eltern.

Dein Erfolg soll auch der Erfolg deiner Familie sein. Und es ist von Bedeutung, zu wissen, wie man die Erfolge feiert, so dass dies dir weiteren Wachstumsschub gibt. Deine Fehler sind auch leichter zu überwinden, wenn du weißt, dass du für das geliebt wirst, was du bist, und nicht für das, was du tust (oder nicht getan hast).

Wenn du dich erschöpft fühlst …

„Finde heraus, wer du bist, und tue es mit Absicht."

– Dolly Parton

Wenn du dich erschöpft fühlst, ist es an der Zeit, einige Veränderungen in deinem Leben vorzunehmen. Wir alle hören es überall, dass du deine Leidenschaft finden solltest. Du solltest verliebt sein in das, was du tust, und in all die Lieder und den Tanz. Aber wie findet man diese Leidenschaft? Wo soll man danach suchen? Nicht viele Quellen geben dir das richtige Manifest dafür.

Und dies ist bereits die erste Frage, die du beantworten musst. Um dies zu erreichen, solltest du dich auf Aktivitäten konzentrieren, die du täglich tust. Frage dich, welche Tätigkeiten dich energetisieren und welche viel Energie kosten. Schätze deine Aktivitäten, die du ausübst und prüfe was sie für dich bedeuten. Du solltest dich von deinem inneren Kompass leiten lassen.

Wenn du tagsüber mehr Dinge tust, die dich antreiben, wie Sport, kochen oder deine Lieblingsmusik hören (bitte wähle hier deine eigenen Aktivitäten), dann lädst du deine Batterien auf und tankst neue Energie. Aber wenn du die meiste Zeit damit verbringst, zu streiten, dich zu beschweren, zu vergleichen, gedankenlos Spiele zu spielen oder … (hier noch einmal deine Beschäftigungen hinzufügen, die dich viel Energie kosten), dann verlierst du deine Kraft und Motivation. Auch das Potenzial an positiver Energie und die Bereitschaft, Freude und Glück zu verbreiten, verschwinden. Was solltest du also tun?

WARTE NICHT AUF DEN MOMENT, BEGINNE **JETZT** MIT DINGEN, DIE DICH MIT ENERGIE VERSORGEN!

Mach mehr davon, tue es überall und ständig. Und Schritt für Schritt definierst du deine Lieblingsbeschäftigungen, die dann später in deine Leidenschaften verwandelt werden können. Leidenschaft ist für mich eine Energie tief in mir, die ich kanalisiere, sie ist mein Motivator und meine innere Kraft. Wenn du dich für etwas begeisterst, vergleiche dich mit niemandem. Du wirst einfach von diesem starken Gefühl, das in dir selbst entsteht, angetrieben. Es wird nicht durch die äußere Umgebung beeinflusst.

Mehr noch: Erfolg und Leidenschaft neigen dazu, zusammen zu wirken. Erinnerst du dich an die Momente in deinem Leben, in denen du erfolgreich warst, etwas erreicht hast, weil du fest daran geglaubt hast? Woher kam all diese Macht?

Ich bin sicher, die Quelle deiner Kraft kam von innen. Klar, du wurdest von Menschen unterstützt, du warst zur richtigen Zeit am richtigen Ort, aber DU und nur DU hast ES möglich gemacht. Ohne deine Bereitschaft wäre es nicht realisierbar gewesen; ohne deinen Glauben würde es nicht passieren. ES GEHT NUR UM DICH!

Ich habe in diesem Buch immer wieder betont, dass du, **wenn du bereit bist, ein Held deiner Lebensgeschichte zu sein, viele Helden um dich herum finden wirst, die bereit sind, dich auf deinem Weg zu unterstützen.**

Unsere Träume leben weiter in unseren Kindern

„Alle deine Träume können wahr werden, wenn du den Mut hast, sie zu verfolgen.“

– Walt Disney

Als Kind hatte ich ein paar Teddybären und auch eine schöne Puppe. Ich liebte sie so sehr, dass sie auf meinem Bett lebten. Ich habe jeden Tag mit ihnen geschlafen und gespielt. Es war meine kleine Zauberfamilie.

Aber als ich größer wurde und eine Teenagerin geworden war, wollte ich eine Barbie-Puppe haben. Diese Puppen erschienen erst Ende der 90er Jahre in der Ukraine und waren bei Mädchen sehr beliebt. Eine solche Barbie-Puppe zu besitzen, bedeutete, zu den Mädchen zu gehören, deren Eltern wohlhabend waren und ihren Kindern solche Geschenke machen konnten. Als Kind hatte ich keine Barbie, aber meine Kinder haben viele davon – Barbie-Ballerina, Barbie-Turnerin, Barbie-Königin … und zahlreiche andere.

Wenn ich shoppen gehe, kaufe ich meistens Geschenke für meine Kinder, die ich mir auch wünschte – Geschenke, die mir Freude bereitet und mich glücklich gemacht hätten. Wenn ich mich in unserem Kinderzimmer umschaue, stelle ich fest, dass meine Kinder all die Spielsachen haben, die ich als Kind nicht bekommen hatte, aber so sehr wollte.

Das Gleiche gilt für die Kleidung, die ich auswähle, oder für das Essen, das ich für meine Familie kaufe. In meiner Kindheit konnten sich nur wohlhabende Leute rosafarbene Kleider für Mädchen und blaue für Jungen leisten. Normalerweise bekam ich Klamotten von meinem älteren Bruder und war damit eigentlich zufrieden. Meine Aufmerksamkeit war mehr auf solche Aktivitäten wie Sport, Musik und Malen gerichtet.

Für eine Mutter kann es schön sein, ihren Kindern zu ermöglichen, das zu haben und zu tun, wovon sie als Kind geträumt hat. Die Frage ist, ob man sie damit verderben kann oder nicht.

Und die Antwort heißt: Nein!

Ist es einfach, die richtige Balance zu finden? Ebenfalls nein!

Sicher, der einfachste Weg, deine Kinder nicht zu verderben, ist, wenn du ihnen keine Möglichkeit gibst, sich verwöhnen zu lassen (wie es in meiner Kindheit war). Aber was tun, wenn du kaufen kannst, was du willst, und selber verstehst, dass es zu viel sein könnte?

Ich gebe dir ein Beispiel. Was denkst du, wann es einfacher ist, auf Diät zu sein? Dann, wenn du viele leckere Dinge um dich herum hast, oder wenn du nichts zu essen hast? Sicher, du kennst die Antwort bereits.

Das Gleiche ist mit Kindern. **Hier benötigt man Willenskraft und Disziplin** – ohne die kommt man nirgendwo hin! **Natürlich braucht ihr auch gemeinsame Träume und Ziele.** Ziele von Eltern und Kindern, die sie vereinen.

Deine Kinder sollen von Liebe umgeben sein – Liebe zu Sport, Musik, gesundem Lebensstil und ebensolchem Essen. Wenn dies der Fall ist, wird es schwierig, sie zu verderben. Meine Töchter lieben es, zu tanzen, sie empfinden Freude und Glück beim Tanzen und auf der Bühne. Wenn sie zwischen Süßigkeiten und Tanzen wählen müssten, würden sie sich definitiv für das Zweite entscheiden. Und es ist großartig! Es ist toll, in der frühen Kindheit ein Verlangen nach immateriellen Fähigkeiten und Gewohnheiten zu entwickeln. Wir als Eltern können dieses starke Fundament in unseren Kindern aufbauen.

Nimm es zurück

„Worte haben Energie und Kraft zusammen mit der Fähigkeit zu helfen, zu heilen, zu behindern, zu verletzen und zu demütigen.“

– Yehuda Berg

Ein Wort kann töten und ein Wort kann Magie erzeugen. Weiß du, wie man Wörter richtig verwendet? Kannst du die Kraft deiner eigenen Worte einschätzen? Kannst du kontrollieren, was du sagst, wenn du wütend bist? Bedauerst du deine Worte, wenn du sie unter dem Einfluss starker Emotionen sagst?

Wir als Erwachsene können lernen, zu kontrollieren, was wir sagen und wie wir es tun. Sicher, du kennst solche Regeln. Du solltest keine Entscheidungen treffen, wenn du traurig bist; deine Meinung nicht direkt äußern, wenn du wütend bist, dir Zeit lassen und nicht unter dem Einfluss von harten Emotionen urteilen.

Aber wie kannst du all dies deinen eigenen Kindern zeigen, wie ihnen beibringen, mit ihren eigenen Worten vorsichtig zu sein, um andere nicht zu verletzen? Du kannst deinen Kindern solche Dinge tausendmal erklären, aber sie können und werden es wahrscheinlich vergessen.

Der beste Weg, deinen Kindern ein solches Thema näherzubringen, besteht darin, es ihnen durch eine Geschichte, die sie berühren kann, zu veranschaulichen.

Als ich eines Tages hörte, wie sich meine Kinder stritten und beschwerten und immer lauter wurden, beschloss ich, sie zu unterbrechen. Ich rief sie ins Badezimmer und bat jedes, eine Zahnpasta zu nehmen.

„Was soll ich damit machen?“, fragte meine älteste Tochter, die 12 Jahre alt war. „Ich habe mir schon die Zähne geputzt.“

Ich bat sie, die Zahnpasta zu öffnen und in ein Waschbecken zu leeren. Meine Tochter war verwirrt, genau wie die beiden jüngeren, aber sie befolgte meine Anweisungen. Als die Zahnpastatube leer wurde und die gesamte Pasta im Spülbecken war, sah sie mich neugierig an. Meine beiden Jüngeren taten dasselbe und warteten darauf, dass ich an der Reihe war, etwas zu sagen.

„Und jetzt gib die Pasta bitte zurück in die Tube“, sagte ich mit ruhiger Stimme. Sie fingen an, meine Botschaft zu verstehen, dass die Aufgabe, nach der ich verlangt hatte, nicht lösbar war. „Wir können das nicht, Mama“, sagte mein Jüngster, der 6 Jahre alt war. „Natürlich kannst du es nicht“, antwortete ich. „Dasselbe gilt für deine Worte“, fuhr ich fort. „Wenn du sie einmal gesagt hast, wirst du sie nie wieder zurücknehmen können. Du musst sicherstellen, dass jedes Wort, das du sagst, das ist, was du wirklich meinst.“

Die Geschichte war zu Ende, aber ihre Wirkung hielt lange an. Ich konnte den Unterschied darin sehen, wie meine Kinder miteinander redeten und interagierten. **Daher ist der Vorschlag, den ich dir geben kann, deinen Kindern durch Geschichten lebenswichtige Wahrheiten des Lebens zu vermitteln.**

10 wesentliche Dinge

„Vieles ist gut, vieles ist wichtig, aber nur weniges ist essentiell."

- D. Todd Christofferson

In meinem letzten Kapitel möchte ich 10 Dinge zusammenfassen, die ich als Mutter von drei Kindern gelernt habe. Das sind die Dinge, die ich meinem früheren Ich und allen anderen jungen Leuten empfohlen hätte.

Nimm alles leicht und nimm Hilfe an, wo immer du kannst. Dein körperliches, geistiges und seelisches Gleichgewicht sollte an erster Stelle stehen. Wenn du fit bist, werden auch deine Kinder fit und gesund sein.

Koche jeden Tag einfaches und frisches Essen. Iss mehr Gemüse und Obst, Nüsse und Fisch. Essen wird besser in kleinen Portionen verzehrt. Und trinke nicht während oder nach dem Essen. Tue es eine halbe Stunde davor. Ein Glas warmes Wasser ist die beste Wahl.

Bewegung, Bewegung und Bewegung – das kann nicht genug betont werden. Du kannst spazieren gehen, laufen, tanzen oder schwimmen, aber du solltest immer in Bewegung sein. Wenn sich der Körper bewegt, bewegt sich auch der Geist.

Schau nur einen Tag voraus. Wenn du vor einer großen Herausforderung stehst – teile sie in kleinere Schritte auf.

Zum Beispiel beschließt du, 20 kg abzunehmen. Es scheint eine große und schwierige Aufgabe zu sein. Aber schau nicht ein Jahr voraus. Konzentriere dich stattdessen auf das, was du heute tun musst, und tue dasselbe morgen und übermorgen. Fahre dann Woche für Woche, Monat für Monat fort, bis du dein Ziel erreicht hast – deine Topform.

Lies Bücher oder höre Audiobücher. Heutzutage verbringen wir viel Zeit am Computer, mit Smartphones und Fernsehen, was uns viel Kraft und Energie kostet.

Eine der größten Möglichkeiten, Neues zu lernen, liegt in der Nutzung der Fahr- oder Putzzeit (Waschen, Bügeln, Staubsaugen). Es gibt keine Entschuldigung mehr dafür, wegen des Verkehrs zu lange im Auto zu sitzen oder sich im Haushalt unproduktiv zu fühlen. Du kannst deine Zeit effizient nutzen und mit Hilfe von Büchern sehr produktiv lernen.

Normalerweise nutze ich meine Zeit unterwegs, um mich weiterzubilden und zu motivieren, indem ich verschiedene Audiobücher höre, die für mich interessant sind. Stell dir vor, die meisten von uns verbringen jeden Tag eine Stunde oder länger im Auto, wenn wir zur Arbeit und nach Hause fahren. Berechnen wir die Fahrzeit:

30 Minuten pro Strecke

1 Stunde täglich

5 Stunden pro Woche

20 Stunden im Monat

240 Stunden pro Jahr!

Das reicht aus, um 30 Bücher pro Jahr zu lesen oder zu hören! Also nutze deine Zeit produktiv und du wirst deine große Transformation sehen.

Sei ein Sieger. Ein **Sieger** im Sport, ein **Sieger** bei der Arbeit, ein **Sieger** in deiner Familie – es liegt an dir. Du kannst überall und in allem ein **Sieger** sein!

Ich hatte als Teenager mit meiner Schüchternheit zu kämpfen, wenn ich vor der Klasse etwas aussprechen musste. Ich setzte mir zum Ziel, Selbstvertrauen zu entwickeln und mich in solchen Situationen entspannter zu fühlen. Ich habe jede Gelegenheit genutzt, um zu sprechen und aufzutreten, wo immer ich konnte. Ich habe trotz meiner Befürchtungen gehandelt. Und nach einiger Übung konnte ich spüren, dass ich immer selbstbewusster wurde. Ich konnte meine Schwäche durch meine Leidenschaft besiegen.

Lebe nicht durch Zufall, sondern durch Wahl. Es liegt nicht in deiner Macht, die Menschen um dich herum zu ändern. Aber du hast es in der Hand, zu entscheiden, welchen Weg du gehst, wie du reagierst und deine Entscheidungen triffst, um dich glücklich zu fühlen. Wenn du Freude und Glück verbreitest, wird deine Umgebung diese Emotionen wie in einem Spiegel reflektieren.

Veränderung ist eine neue Chance. Früher hatte ich Angst davor, dass sich Dinge und Paradigmen ändern. Das war, bevor ich erfuhr, dass die einzige Konstante in unserem

Leben der Veränderungsprozess ist. Das Leben ist fließend, deine Persönlichkeit auch. Deshalb wünsche ich dir, dass du weitermachst, deine Wahl triffst und trotz deiner Angst die Dinge angehst. Handlung tötet Angst!

Work-Life-Balance ist ein Mythos. Ich glaube, Work-Life-Balance gibt es nicht, denn an manchen Tagen muss man mehr in seine Arbeit investieren und an anderen mehr Zeit mit Familie und Kindern verbringen (Wettbewerbe, Klavierkonzerte oder ehrenamtliches Engagement in der Schule).

In diesem Hinweis dreht sich alles um intelligentes Zeitmanagement und das Arbeiten nach deinen Prioritäten. Manchmal verbringst du mehr Zeit bei der Arbeit und manchmal reduzierst du deine Arbeitsbelastung und konzentrierst dich mehr auf deine Familie. Die goldene Regel ist, einfach nur im Moment zu sein – wenn du bei der Arbeit bist, dann sei bei ihr, und wenn du zu Hause mit der Familie bist, dann sei bei deiner Familie.

Lächle. Ich bin eine Träumerin. Ich glaube, dass Vorstellungskraft stärker als Wissen ist, dass Träume stärker als Fakten sind und dass ein Lächeln die Welt um uns herum zu einem besseren Ort machen kann. Lächle, folge deinen Träumen, denn nur so kannst du die Heldin deiner eigenen Geschichte sein!

Printed in Poland
by Amazon Fulfillment
Poland Sp. z o.o., Wrocław

39120735R00083